VIA EXPRESSA PARA O SUCESSO EM

GERENCIAMENTO DE PROJETOS

H293v Harper-Smith, Patrick.

Via expressa para o sucesso em gerenciamento de projetos / Patrick Harper-Smith, Simon Derry ; tradução: João Eduardo Nóbrega Tortello ; revisão técnica: Gustavo Severo de Borba. – Porto Alegre : Bookman, 2011.

230 p. : il. color. ; 23 cm.

ISBN 978-85-7780-803-8

1. Administração. 2. Gerenciamento de projetos. I. Derry, Simon. II. Título.

CDU 658.5

Catalogação na publicação: Ana Paula M. Magnus – CRB 10/2052

PATRICK HARPER-SMITH E SIMON DERRY

VIA EXPRESSA PARA O SUCESSO EM

GERENCIAMENTO DE PROJETOS

Tradução:
João Eduardo Nóbrega Tortello

Consultoria, supervisão e revisão técnica desta edição:
Gustavo Severo de Borba
Doutor em Engenharia de Produção pela Universidade Federal do Rio Grande do Sul
Professor do Programa de Pós-Graduação em Design na Unisinos
Diretor da Unidade de Graduação da Unisinos

bookman

2011

Obra originalmente publicada sob o título
Fast Track to Success: Project Management, 1st Edition
ISBN 0-273-71992-0 / 9780273719922

Capa: *VS Digital* (arte sobre capa original)

Preparação de original: *André de Godoy Vieira*

Editora Sênior: *Arysinha Jacques Affonso*

Projeto e editoração: *Techbooks*

Unidade São Paulo
Av. Embaixador Macedo Soares, 10.735 – Pavilhão 5 – Cond. Espace Center
Vila Anastácio – 05095-035 – São Paulo – SP
Fone: (11) 3665-1100 Fax: (11) 3667-1333

SAC 0800 703-3444

IMPRESSO NO BRASIL
PRINTED IN BRAZIL

Os autores

PATRICK HARPER-SMITH é um dos diretores fundadores da Project Leaders International Ltd – uma empresa de consultoria que trabalha com clientes nas áreas de treinamento, consultoria e *software* de apoio. Ele trabalha junto aos clientes a fim de estabelecer, expandir e diversificar seus negócios por meio de aplicação de processos estratégicos, de gerenciamento de projetos e de estratégias de inovação.

Patrick teve uma carreira internacional variada dentro dos setores de turismo, serviços financeiros e consultoria. Na empresa de consultoria norte-americana Kepner-Tregoe, gerenciou e desenvolveu operações altamente lucrativas no sudeste asiático. Trabalhou também na Jacques Borel, fundando e desenvolvendo sua empresa de *voucher* em Hong Kong. Foi diretor de treinamento na American Express para todo o sudeste asiático (600 escritórios no Pacífico Asiático e de *marketing* do Cartão Empresarial em dez mercados asiáticos).

Patrick obteve grau universitário pela Université de Paris e é diretor dos programas de estratégia e inovação e de líderes de projeto da Project Leaders International. Também é habilitado em PRINCE2.

E Patrick.HarperSmith@Project-Leaders.net

SIMON DERRY também é diretor da Project Leaders International Ltd. Consultor profissional, possui mais de 15 anos de experiência atuando junto a importantes empresas, em uma variedade de setores e níveis de administração.

Após formar-se pelo University College de Swansea, País de Gales, Simon frequentou a Royal Military Academy em Sandhurst, Inglaterra, tendo posteriormente servido por cinco anos como oficial do Royal Regiment of Artillery. Em 1993, ingressou na NHS como diretor-gerente do Northwick Park Hospital NHS Trust. Em seguida, em 1995, tornou-se gerente de serviço ao cliente da Psion, então a maior empresa de computadores portáteis do mundo, na qual estabeleceu operações de serviços ao cliente, suporte técnico e assistência técnica.

Em 1998, ingressou em uma empresa internacional de consultoria e treinamento em gerenciamento, na qual era responsável pelo projeto, desenvolvimento e implementação de projetos de melhoria de serviços em vários clientes no mundo inteiro, incluindo a Dell, a Sun Microsystems, a Siebel, a Cisco e outras empresas de TI e telecomunicações. Tem profundo conhecimento dos aspectos do gerenciamento de incidentes e problemas da estrutura ITIL e é habilitado em PRINCE2.

Simon também possui mestrado em administração de empresas (MBA) pelo Henley Management College (hoje Heney Business School), no qual se concentrou em sistemas de seleção de gerenciamento de projetos e criatividade e inovação no local de trabalho.

E Simon.Derry@Project-Leaders.net

Agradecimentos

Gostaríamos de agradecer às seguintes pessoas por suas generosas contribuições a este livro:

- **Liz Gooster, Pearson.** Existem muitas ideias novas interessantes no mundo editorial atualmente, mas sem um defensor entusiástico, a maioria delas simplesmente teria uma morte lenta. Liz teve a segurança de autorizar a série Via Expressa e a ferramenta da *Web* associada em nome do Grupo Pearson, em um momento em que outras editoras estavam reduzindo as atividades que não consideravam fundamentais. Não satisfeita, continuou comprometida com o sucesso do projeto – fornecendo orientações, contestações e estímulo, conforme e quando necessários.
- **Ken Langdon.** Além de ser um destacado autor por seu próprio mérito, Ken tem trabalhado com todos os autores da série Via Expressa para que os livros tenham um determinado rigor e uniformidade. À medida que cada livro é desenvolvido, ele tem sido a força motriz nos bastidores, reunindo o conteúdo detalhado de cada título – trabalhando com entusiasmo e paciência!
- **Mollie Dickenson.** Mollie tem experiência em edição e trabalha como gerente de pesquisa na Henley Business School, tendo apoiado o projeto desde o início. Tem incentivado e nos desafiado constantemente, sendo, como sempre, uma grande alegria trabalhar com ela.
- **Leitores críticos.** À medida que a série Via Expressa evoluiu, foi vital recebermos constantes questionamentos e contribuições de outros especialistas e de leitores críticos.
- **Professor David Birchall.** David tem trabalhado para identificar e obter contribuições de *experts* acadêmicos e empresariais internacionais para a seção "Palavra do especialista", presente em cada título da série Via Expressa. É coautor deste livro e um destacado autor acadêmico por seu próprio mérito. Passou grande parte dos últimos 20 anos à frente do programa de pesquisa da Henley Business School – uma das dez principais escolas de administração do mundo.

Nossa equipe de especialistas

Finalmente e igualmente importante, agradecemos às colaborações de especialistas do mundo todo em cada um dos títulos da série Via Expressa.

Especialista	Tópico	Faculdade de administração/Empresa
Dra. Svetlana Cicmil	Gerenciamento na complexidade – gerenciamento de projetos como conhecimento prático (pg. 34)	Bristol Business School, University of the West of England
Dr. Stephen Simister	Gerenciamento de risco em projetos (pg. 46)	Henley Business School, Universidade de Reading
Professor Svein Arne Jessen	Gerenciamento contemporâneo de projetos e liderança (pg. 66)	BI Norwegian School of Management, Noruega
Professor David Birchall	Trabalho improvisado dentro de projetos (pg. 104)	Henley Business School, Universidade de Reading
Professor Stephen Wearne	O gerenciamento de projetos é um problema ou uma oportunidade? (pg. 119)	Manchester Business School, University of Manchester
Professor Kam Jugdev	Construindo redes de conhecimento em gerenciamento de projetos (pg. 144)	Centre for Innovative Management, Athabasca University, Canadá
Professor Christophe Bredillet	P2M, a metodologia que dá suporte para a construção de infraestruturas empresariais complexas (pg. 167)	ESC Lille, França
Professor adjunto Dirk Pieter van Donk e Dr. Eamonn Molloy	Racionalidade e irracionalidade em gerenciamento de projetos (pg. 183)	Faculty of Management and Organisation, University of Groningen, Países Baixos e Saïd Business School, University of Oxford

Via Expressa para o Gerenciamento de Projetos

Este livro oferece uma visão bastante prática do gerenciamento de projetos. Portanto, vamos começar derrubando um conceito errôneo muito popular em manuais, cursos de treinamento e entre pessoas que discutem o gerenciamento de projetos; ou seja, de que processo e qualificações são o começo e o fim de tudo no gerenciamento de projetos. Os que acreditam nesse conceito errado se concentram em obter qualificações ou em usar certas técnicas e software, normalmente em detrimento do problema real – de que os projetos existem para apresentar benefícios e valores mensuráveis para uma empresa. O gerenciamento de projetos consiste na flexibilidade em todas as coisas e não na fidelidade rígida a um único modo de fazer algo. Este livro fornece uma estrutura prática para gerenciar projetos – e não uma camisa de força para atrapalhar ou refrear o gerente de projeto.

A concentração em metodologias pode nos fazer não relacionar o projeto com a empresa, levando a uma situação ridícula, na qual marcamos cada quadrinho no caminho crítico do evento/atividade, entregando o projeto no prazo e dentro do orçamento – mas não exercendo qualquer efeito, ou até mesmo um efeito negativo, sobre o desempenho da empresa. Isso pode acontecer, por exemplo, porque o projeto deixou de ser relevante. É o que chamamos de *fazer as coisas corretamente*. A estratégia dos gerentes que utilizam a Via Expressa é diferente – seu objetivo é *fazer a coisa certa*. Eles não apenas relacionam os objetivos do projeto com as necessidades da empresa como ponto de partida, mas também verificam se essas necessidades não mudaram durante a execução do projeto. A necessidade da empresa é o que mais importa, e não o processo para chegar lá!

Vejamos agora quem são classicamente os gerentes de projeto. O gerenciamento de projetos começou no departamento de engenharia, na administração de projetos complexos com vistas à produção, entre outras coisas, de navios e aviões. Naquela época havia gerentes de projeto que atuaram em tempo integral, desenvolvendo as técnicas e os métodos que utilizamos hoje. Eis que então os gerentes de TI assimilaram o gerenciamento de projetos, percebendo que as complexas tarefas de desenvolvimento de *software* tinham muito em comum com os projetos de engenharia. Daí em diante as coisas mudaram, de modo que hoje muitos gerentes de projeto não trabalham nisso em tempo integral; eles também têm um emprego fixo, mas veem as habilidades em gerenciamento de projetos como uma ferramenta fundamental no arsenal do gerente que utiliza a Via Expressa, independentemente do departamento em que atuem. Atualmente, todo mundo é mais ou menos gerente de projeto, e não necessariamente executando projetos de longo prazo, mas aqueles que são concluídos em um mês ou mesmo em uma semana.

Tome-se o exemplo dos gerentes de vendas encarregados de organizar a conferência de vendas anual. Eles acharão que, se encararem a tarefa como um projeto, muito mais provavelmente apresentarão uma conferência não apenas melhor do que todas as outras que já aconteceram, mas também que respeite o orçamento e, crucialmente, que tenha um efeito positivo no desempenho da empresa. Essa melhoria de desempenho é mensurável após a conferência, em termos de aumento de vendas e lucros.

Nós, por exemplo, trabalhamos com o pessoal de marketing da Coca-Cola: esses profissionais não se consideravam gerentes de projeto, e no entanto, ao implementarem os fundamentos do gerenciamento de projetos em seus planos de *marketing* e atividades promocionais, melhoraram o desempenho.

Assim, este livro destina-se a profissionais de gerenciamento de projetos, mas também a quem não é gerente de projeto e deseja utilizar as habilidades do gerenciamento de projetos para melhorar seu desempenho e o de suas equipes.

Embora a ênfase deste livro esteja na implementação prática de projetos para satisfazer necessidades empresariais, precisamos dispor de algum esquema ou estrutura. Com esse intuito, desenvolvemos um processo integrado de gerenciamento de projetos composto de dez etapas (veja a figura na próxima página). Ele foi utilizado em benefício de muitos de nossos clientes durante vários anos, tendo sido atualizado e modificado ao longo do caminho. Contudo, ao contrário de muitos processos de gerenciamento de projetos, ele não é uma camisa de força, mas uma estratégia flexível, integrando as principais ferramentas de melhor prática para gerenciamento de projetos com necessidades empresariais mais amplas e envolvendo pessoas de toda a empresa, conforme necessário.

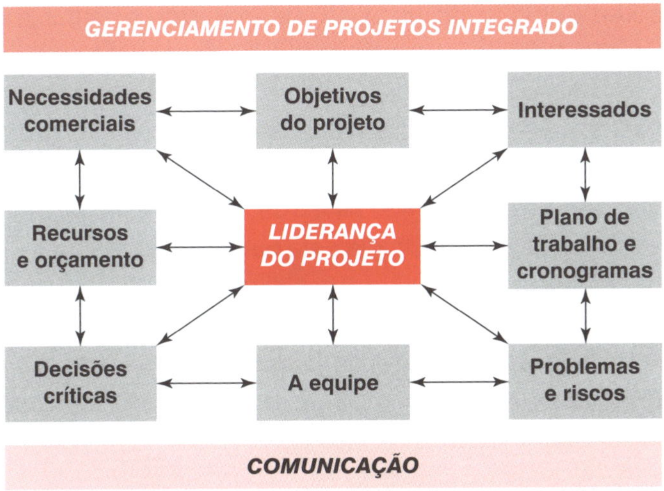

Começamos avaliando você e as habilidades atuais de sua equipe no gerenciamento de projetos, para que você possa desenvolver seu próprio plano de aprimoramento. Em seguida, mostramos como vincular os projetos às necessidades empresariais, ou como identificar novos projetos a partir dessas necessidades. Então, estudamos os objetivos do projeto e o *business case*, verificando se um projeto bem-sucedido apresentará melhor desempenho e alcançará suas medidas de sucesso.

Em seguida, você precisa descobrir quem são os interessados no projeto, incluindo a alta direção (se for um projeto grande), e identificar todos que poderiam estragar os planos em algum ponto – por exemplo, dizendo que eles estão fazendo algo semelhante. Afinal, se ninguém vai patrocinar o projeto em nível mais alto, é melhor eliminá-lo agora do que ficar desanimado depois. Os interessados podem ter influência positiva ou negativa sobre seu projeto; portanto, você precisa descobrir quem são eles logo de início e qual é sua posição.

Explicaremos a importância de técnicas como a análise do caminho crítico, mostrando como utilizá-las no contexto da empresa. Isso lhe permitirá calcular os muitos problemas e avaliar os riscos que está assumindo na implementação do projeto. Porém, essa implementação não depende apenas de técnicas de gerenciamento de projetos; depende também do comportamento das pessoas da equipe de projeto, assim como dos outros interessados. Lembre-se de que são pessoas que executam projetos, e não o *software*! Entre outras habilidades, os gerentes de projeto precisam ser capazes de planejar, tomar decisões críticas, medir o risco e planejar táticas de fuga. Nós o ajudaremos a atualizar suas habilidades. Contudo, as habilidades de gerenciamento de projetos devem possibilitar a execução dos projetos, e não ser um conjunto de regras a seguir de forma submissa. Afinal, o sucesso de sua empresa depende da criatividade e da ousadia das pessoas – e isso vale para qualquer projeto.

Outro tema relevante é o gerenciamento de recursos e orçamentos, fontes frequentes de problemas e até de fracasso nos projetos. Note que nos referimos a isso como "outro" tema, e não como o último tema, pois na vida real você se verá perambulando por esses processos e empregando essas habilidades em vários pontos do ciclo de vida do projeto.

Como usar este livro

Os livros da série Via Expressa apresentam um conjunto das ferramentas, técnicas e recomendações mais recentes para ajudar a montar sua equipe e construir sua carreira. Use esta tabela para planejar sua rota através do livro.

Parte	Visão geral
Os autores	Um breve resumo dos autores, sua formação e detalhes para contato
A *Conscientização*	Esta primeira parte oferece a você uma oportunidade de obter um rápido panorama sobre o assunto e refletir sobre sua eficiência atual
1 *Gerenciamento de projetos em poucas palavras*	Um breve panorama do gerenciamento de projetos e uma série de perguntas frequentes para atualizá-lo rapidamente
2 *Auditoria de gerenciamento de projetos*	Listas de itens simples para ajudar a identificar os pontos fortes e fracos de sua capacidade e de sua equipe
B *Via Expressa nos negócios*	A Parte B fornece técnicas e ferramentas que podem fazer parte da estrutura de gerenciamento de projetos integrado para você e sua equipe
3 *As dez melhores técnicas e ferramentas de gerenciamento de projetos da série Via Expressa*	As dez técnicas e ferramentas utilizadas para ajudá-lo a implementar uma estratégia de gerenciamento de projetos sustentável, baseada nas melhores e mais recentes práticas
4 *Tecnologias*	Um exame das tecnologias de informação mais recentes utilizadas para melhorar a eficácia e a eficiência de atividades de gerenciamento de projetos
5 *Implementação da mudança*	Uma lista de itens detalhada para identificar disparidades e planejar as mudanças necessárias para implementar seus projetos
C *Via Expressa na carreira*	A Parte C se concentra em você, em suas qualidades de liderança e no que é preciso para chegar ao topo
6 *As dez primeiras semanas*	Atividades recomendadas ao se iniciar uma nova função no gerenciamento de projetos, junto com uma lista de dados úteis a serem conhecidos
7 *Liderando a equipe*	Gerenciando a mudança, montando sua equipe e determinando seu estilo de liderança
8 *Chegando ao topo*	Tornar-se um profissional de gerenciamento de projetos, ser promovido e chegar a ser diretor – o que isso exige?
D *Kit de ferramentas do diretor*	A última parte apresenta técnicas e ferramentas mais avançadas, baseadas na melhor prática do setor
Kit *de ferramentas*	Técnicas e ferramentas avançadas utilizadas pelos diretores
Glossário	Glossário de termos

FAST-TRACK-ME.COM

Antes de ler este livro, por que não começar visitando nosso site que acompanha a série, no endereço **www.Fast-Track-Me.com**? Trata-se de um recurso online personalizado, altamente interativo, que trata das necessidades do gerente atarefado, dando acesso a ideias e métodos que melhorarão rapidamente o desempenho individual e da equipe, e desenvolverão suas habilidades e sua carreira.

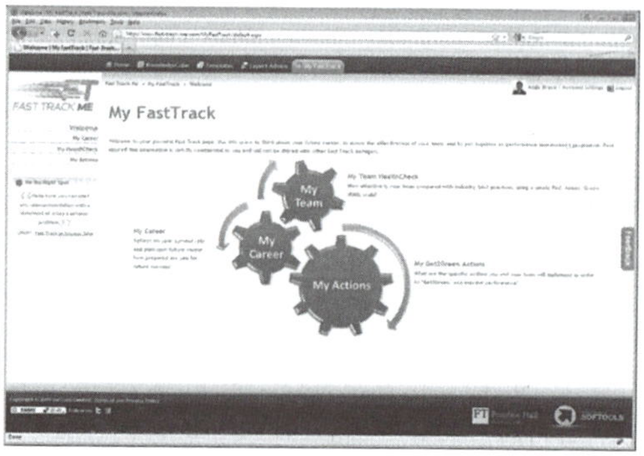

Do mesmo modo que dá acesso ao conhecimento comercial de ponta através de uma variedade de assuntos importantes – incluindo o assunto deste livro –, o site **www.Fast-Track-Me.com** permite que você pare e pense sobre o que deseja alcançar em sua profissão e para onde quer levar sua equipe. Fazendo isso, ele fornecerá um contexto para leitura, informações extras e acesso a diversos recursos interativos.

De modo geral, o site está repleto de recursos valiosos, como:

- **O Cubo do Conhecimento (Knowledge Cube).** O K-Cube é uma matriz bidimensional que apresenta os recursos de todos os assuntos da série Via Expressa (Fast Track, em inglês), de maneira coerente e fácil de usar – fornecendo ideias, ferramentas e técnicas em um único lugar, a qualquer

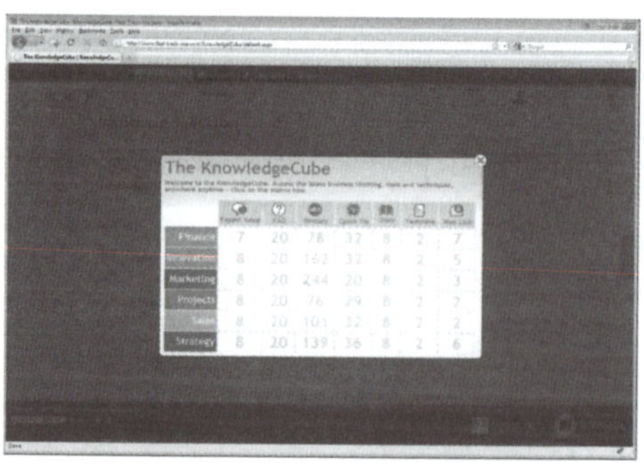

momento, em qualquer lugar. Essa é uma maneira excelente de pesquisar os tópicos do negócio rapidamente.

- **O instrutor *on-line* (On-line Coach).** O instrutor online é um kit de modelos comerciais totalmente interativos, no formato do MS Word, que permite aos usuários do site Fast-Track-Me.com explorar métodos comerciais específicos (estratégia, ideias, projetos etc.) e aprender a partir de conceitos, exemplos de caso e outros recursos, de acordo com seu estilo de aprendizagem predileto.
- **Glossário (Business Glossary).** O glossário da série Via Expressa fornece uma ampla lista de palavras-chave associadas a cada título da série, junto com uma definição clara – ajudando-o a conhecer o jargão comercial.

Para acessar ainda mais recursos, fazer os testes de auto-exame e criar seu próprio perfil, basta fazer login e se registrar – em seguida, clique em My FastTrack para começar! Faça o exame de saúde (Fast Track Health Check, em inglês) agora mesmo.

MY FASTTRACK

Estas são as diferentes áreas que você descobrirá em My FastTrack.

My HealthCheck

Qual é a eficiência de sua equipe em comparação às 'melhores práticas' do setor? Descubra, usando uma escala de cores simples (vermelho, âmbar e verde).

Depois de identificar as áreas de preocupação, você pode planejar sua solução usando um plano de ação 'Get2Green' pessoal.

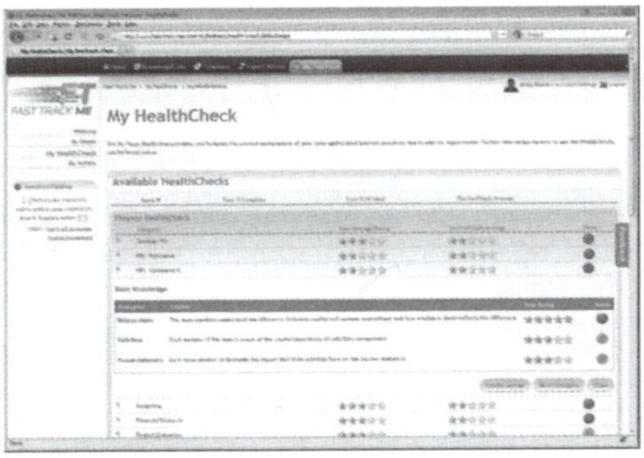

My Get2Green Actions

Quais são as ações específicas que você e sua equipe implementarão para chegar à cor verde e melhorar o desempenho? Registre, priorize e monitore seus pontos de ação na área My Get2Green Action Plan para ajudá-lo a planejar o sucesso futuro – rapidamente.

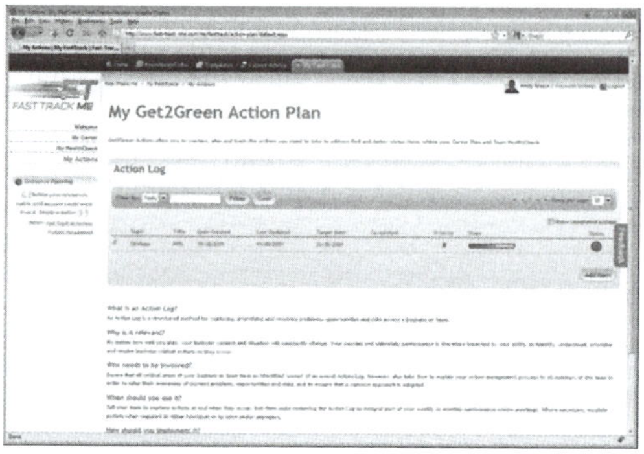

My Career

Reflita sobre sua função atual e planeje o futuro de sua carreira – quanto você está preparado para o sucesso futuro?

O site **Fast-Track-Me.com** fornece ao gerente atarefado acesso rápido às opiniões, técnicas e ferramentas mais recentes. Ele também pode ajudar a responder algumas das perguntas vitais que os gerentes estão se fazendo atualmente.

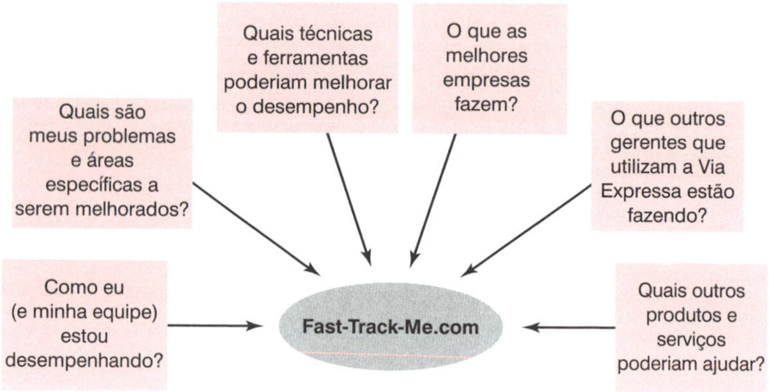

Não fique para trás: faça logon no site www.Fast-Track-Me.com agora para acelerar sua carreira.

Via Expressa

Tudo que você precisa para acelerar sua carreira

A melhor maneira de acelerar sua carreira como gerente é aumentar a contribuição que você e sua equipe fazem para sua empresa e tornar isso bem visível. É para isso que serve a série Via Expressa. Um gerente que utiliza a Via Expressa supera as expectativas de desempenho, trabalha com grande eficácia e eficiência, desenvolve todo o potencial de sua equipe, é reconhecido como formador de opinião em sua área de atuação e, por fim, progride na empresa antes de seus colegas.

Os livros da série Via Expressa lhe serão de grande proveito, seja você um ambicioso chefe de equipe iniciante ou um gerente experiente almejando um maior desenvolvimento nos próximos anos. Você pode ser um especialista buscando dominar todos os aspectos de sua área ou função, ou simplesmente ampliar seu conhecimento sobre outras disciplinas e habilidades chave da gestão. Em ambos os casos, as técnicas e as ferramentas apresentadas neste livro lhe darão o estímulo para fazer um exame crítico de si e de sua equipe, assim como o tempo para parar, pensar e agir nas áreas que identificar um possível aprimoramento.

Você tem conhecimento do que precisa saber e fazer para obter uma diferença real em seu desempenho no trabalho, em sua contribuição para a empresa e em sua florescente carreira? Para a maioria das pessoas, a resposta honesta é "Na verdade, não". Portanto, não é de surpreender que a maioria delas nunca atinja seu pleno potencial. A inovadora série Via Expressa oferece exatamente o que você precisa para acelerar seu progresso e tornar-se um gerente de alto desempenho em todas as áreas importantes do negócio. A série Via Expressa não é apenas mais uma do tipo "Como fazer". Os livros sobre vendas ensinam a vender, mas não como passar de vendedor a gerente de vendas. Um *software* de gerenciamento de projetos permite planejar tarefas detalhadas, mas não melhora a qualidade de seu pensamento sobre gerenciamento de projetos e de seu desempenho comercial. Um livro sobre *marketing* explica os princípios da comercialização, mas não como liderar uma equipe de profissionais do ramo. Isso não é suficiente.

Os recursos especialmente projetados da série Via Expressa o ajudarão a ver o que precisa saber e como desenvolver as habilidades necessárias para ser bem-sucedido. Eles oferecem:

- as informações necessárias para você sobressair na função ou habilidade escolhida – especialmente na seção "As dez melhores técnicas e ferramentas de gerenciamento de projetos da série Via Expressa";
- recomendações práticas em forma de dicas rápidas e respostas para as perguntas mais frequentes de pessoas que já passaram por isso antes de você e tiveram sucesso;
- melhores práticas atualizadas, descritas por acadêmicos e especialistas nas seções "Palavra do especialista";
- descrições de caso e exemplos do que funciona e, talvez o mais importante, do que não funciona;
- ferramentas completas para aumentar a eficácia e o desempenho de sua equipe;
- uma estrutura que o ajudará a desenvolver sua carreira, assim como produzir excelentes resultados.

A série Via Expressa é uma fonte de concepções, estratégias e técnicas empresariais, apresentadas de várias maneiras – em suma, um ambiente completo de apoio ao desempenho. Ela permite que gerentes construam suas carreiras, desde seus primeiros passos no gerenciamento, até se tornarem diretores de negócio – acelerando o desempenho de sua equipe e de suas próprias carreiras. Quando você utiliza a estratégia da série Via Expressa com sua equipe, ela fornece uma linguagem e uma estrutura comuns, baseadas na melhor prática comercial. Você se beneficiará deste livro mesmo que outras pessoas da empresa não adotem as mesmas práticas; na verdade, se não adotarem, isso dará a você uma vantagem em relação a elas. Cada livro da série combina recomendações práticas e objetivas de profissionais experientes com ideias e com o pensamento mais recente de especialistas das principais escolas de administração.

O método da série Via Expressa será de grande valia para líderes de equipe e gerentes de todos os setores da indústria e áreas funcionais. Ele é destinado a pessoas ambiciosas que já adquiriram certas habilidades de liderança de equipe e perceberam o quanto ainda têm a aprender.

Se quiser progredir ainda mais, você será conduzido a mais recursos de aprendizado e desenvolvimento no *site* interativo da série Fast Track (em inglês), no endereço **www.Fast-Track-Me.com**. Para muitos, esses livros passam a ser o primeiro passo de uma jornada de desenvolvimento contínuo. Com efeito, a estratégia da série Via Expressa fornece tudo que você precisa para acelerar sua carreira, oferecendo a oportunidade de desenvolver seu conhecimento e suas habilidades, melhorar o desempenho de sua equipe, impulsionar o progresso de sua empresa rumo à consecução de seus objetivos e desencadear o verdadeiro potencial de sua carreira.

Sumário

PARTE I

Conscientização

Este livro apresenta uma estratégia sustentável para o gerenciamento de projetos, destinada a manter você, sua equipe e sua empresa na frente do processo, contribuindo assim para o futuro de todos os três. O ponto de partida é entender rapidamente o que o gerenciamento de projetos é e o que não é, e estar ciente da sua competênica e da competência de sua equipe nessa área atualmente. Por isso, faremos algumas perguntas que revelam onde você e sua equipe precisam melhorar para alcançar os objetivos do gerenciamento

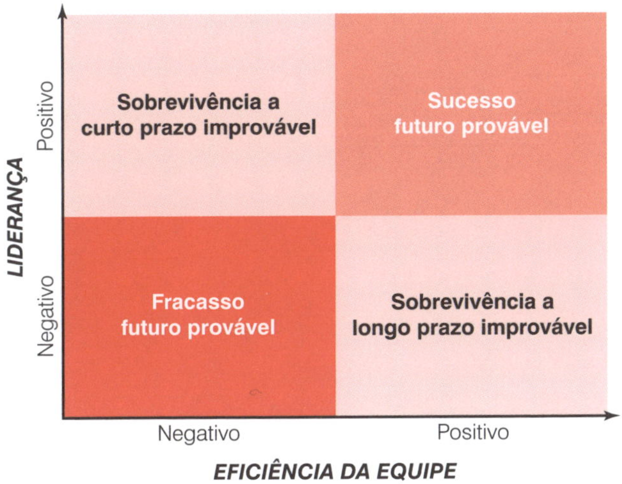

de projetos – e garantir que seu serviço aos clientes esteja entre os líderes de seu ramo de atuação.

'Conhece-te a ti mesmo' era o lema escrito no portal do Oráculo dos Delfos e é um pensamento sábio. Significa que você deve fazer uma auditoria interna aberta e honesta quando iniciar o processo de estabelecimento de sua estrutura de gerenciamento de projetos.

As apostas são altas. O gerenciamento de projetos é fundamental para o sucesso nesse competitivo mercado global. Portanto, sua equipe precisa ser composta de gerentes de projeto eficientes e você precisa ser um bom líder no gerenciamento de projetos. Liderança e eficácia da equipe medíocres tornarão o fracasso provável. Uma equipe eficiente mal liderada terá sua energia minada e, a longo prazo, estará fadada ao fracasso, ou porque seus membros procuram um ambiente melhor ou porque se tornam menos eficientes devido a falta de motivação. Liderar bem uma equipe ineficiente não impede a conclusão óbvia de que uma equipe ineficiente não prosperará. Então, a partir da figura anterior, como garantir que você e sua equipe estejam no quadro superior direito – uma equipe inovadora e eficiente, com um líder excelente? É disso que trata este livro e esta seção mostra como você descobre seu ponto de partida e o de sua equipe.

CAPÍTULO 1

Gerenciamento de Projetos em Poucas Palavras

Este capítulo tem como objetivo aumentar a conscientização quanto à necessidade de boas técnicas de gerenciamento de projetos em uma empresa. Normalmente há bastante espaço para aprimoramento, tanto das capacidades individuais quanto corporativas, e também da eficácia das equipes no gerenciamento de projetos.

COMEÇANDO COM OS FUNDAMENTOS

O que é exatamente gerenciamento de projetos?

Uma rápida pesquisa na Internet revelará muitas e variadas definições de projetos e gerenciamento de projetos, mas conhecer uma grande quantidade de definições não o tornará um gerente de projeto melhor nem o gerenciamento de projetos mais fácil. Eis as nossas definições.

- Um **projeto** é uma série de atividades destinadas a obter um resultado específico dentro de um orçamento e de um cronograma definido.
- O **gerenciamento de projetos** permite que os gerentes se concentrem nas prioridades, monitorem o desempenho, superem dificuldades e se adaptem à mudança. Ele oferece mais controle aos gerentes e fornece ferramentas e técnicas comprovadas para ajudá-los a liderar equipes a fim de cumprir os objetivos no prazo e dentro do orçamento.

O gerenciamento de projetos não atua necessariamente na execução das tarefas incluídas no escopo do projeto, mas sim na administração ou organização das atividades nele constantes. Os projetos não são processos nem rotinas "do dia-a-dia". Frequentemente esquecemos que eles consistem em administrar pessoas e o desempenho, da mesma forma que envolvem planejamento e planos.

Por que o gerenciamento de projetos é tão importante atualmente?

Trabalhando com nossos clientes nos últimos dez anos, percebemos que cada vez mais gerentes estão sendo "solicitados" pelas empresas a entregar projetos. Os gerentes em questão vieram de diversas disciplinas e profissões, mas quase todos tinham uma coisa em comum – nenhum possuía treinamento formal em gerenciamento de projetos.

Os gerentes de projeto "profissionais" costumavam ser encontrados somente em algumas grandes corporações que possuíam escritórios de projetos (PMOs) especializados, envolvidos com grandes programas e iniciativas estratégicas. Além disso, muitos departamentos de TI tinham gerentes de projeto trabalhando quase continuamente em projetos de desenvolvimento, aprimoramentos e implementação de *software*. Em contrapartida, na ampla maioria de nossos clientes os gerentes de projeto tinham um "emprego fixo". Eles tinham de encaixar o gerenciamento de projetos em suas atividades diárias de gerenciamento de linha. Frequentemente, eram gerentes de *marketing* ou de atendimento ao cliente que, de tempos em tempos, se envolviam na entrega de projetos para seus departamentos ou para a empresa como um todo.

O gerenciamento de projetos deixou de ser a especialidade de algumas pessoas dedicadas e se popularizou. Acreditamos que seja uma competência de gestão importante para o século XXI, a qual todos os gerentes devem adquirir e desenvolver.

Este livro o ajudará a avaliar suas habilidades atuais, para então conduzi-lo por um processo de gerenciamento de projetos. Ele mostrará como você identifica as atividades envolvidas no projeto, como as prioriza e como elas estão relacionadas. O livro também vai ajudá-lo a se concentrar nas atividades fundamentais, a estimar os riscos envolvidos e a fazer planos para evitá-los ou para reduzir suas consequências. Por fim, ele mostrará como você monitora seu progresso, como antecipa problemas e como supera os que vierem a ocorrer.

Este livro serve para adquirir e desenvolver essa capacidade de gerenciamento, não apenas para benefício da empresa, mas também para seu próprio aperfeiçoamento. Isso porque o gerenciamento de projetos é uma habilidade que as pessoas esperarão que você tenha, à medida que ascende na carreira em sua empresa.

Então, por que isso é tão difícil – o que normalmente dá errado?

Agora você entende por que o gerenciamento de projetos é importante, mas infelizmente as coisas ainda dão errado! Considere cada uma das armadilhas em potencial a seguir e identifique quais (se houver) se aplicarão a você e à sua equipe, e o que você pode fazer a esse respeito.

1. **O projeto não tem metas e objetivos claros.** Se os objetivos do projeto não são claramente definidos e entendidos pelo gerente de projeto e sua equipe, é quase impossível que eles planejem as atividades relevantes dentro do projeto global, pois simplesmente não saberão "o que buscar". Um objetivo como "melhorar o atendimento ao cliente" não ajuda a equipe a planejar atividades eficazes nem a avaliar a eficácia do projeto global. "Atenda ao telefone dentro de quatro toques, nove em cada dez vezes" ajuda.
2. **Há falta de alinhamento com a empresa.** Se os projetos não estão alinhados à estratégia corporativa ou à necessidade comercial do negócio, então estão correndo o risco de ajudar a empresa a melhorar em áreas ou atividades que não são fundamentais para o rumo futuro da organização. Se o projeto ou seus objetivos não estão alinhados, estão sendo consumidos recursos para afastar a empresa das metas e aspirações articuladas na estratégia pela equipe da alta direção. Vimos uma equipe de projeto gastando tempo e dinheiro em uma divisão da empresa que a administração já tinha vendido – bom para os *stakeholders* do comprador, mas nem tanto para os investidores atuais.
3. **Os principais patrocinadores e *stakeholders* não fazem sua parte.** Se os principais patrocinadores não participam do planejamento, do monitoramento e da implementação de certos projetos, existem várias implicações negativas para o gerente de projeto e sua equipe: eles recebem recursos e atenção insuficientes da administração, tomadas de decisão tardias atrasam o projeto e os orçamentos podem ser inadequados. Se os altos gerentes não são vistos apoiando um projeto, os gerentes funcionais e os donos de recursos não o consideram de alta prioridade. Além disso, quando os *stakeholders* não são envolvidos no momento correto, a equipe de projeto pode ignorar objetivos ou decisões críticas importantes.

4 **A equipe comunica seus objetivos de forma deficiente.** Se o projeto tem metas e objetivos claros, mas eles não são comunicados adequadamente no contexto da equipe e da empresa, então irão ocorrer problemas durante o planejamento e a implementação. Se não forem informadas a esse respeito, como esperar que as pessoas conheçam suas metas e objetivos?

5 **O escopo do projeto aumenta.** Se os objetivos e produtos do projeto não são claramente estabelecidos, há o perigo de que o projeto sofra "aumento de escopo". Isso significa que será esperado que o projeto apresente mais benefícios do que o originalmente planejado, resultando em seu atraso, no estouro do orçamento ou em ambos. Se ocorrer aumento de escopo, será ainda mais difícil avaliar o sucesso global do projeto, medido pelo cumprimento dos seus objetivos. Contudo, é aceitável aumentar ou diminuir o escopo do projeto, se isso for acordado por todas as partes.

Dica rápida Planejamento

Espere revisar várias vezes seu plano antes da implementação e novamente quando o projeto estiver em execução. É exatamente nisso que consiste o gerenciamento de projetos. Aprenda a aceitar a inevitabilidade da mudança. Mesmo com o planejamento mais preciso, os projetos devem mudar; portanto, o plano precisa ser flexível.

6 **A equipe não dispõe de informações sobre seu desempenho no projeto.** Se, durante o planejamento e a implementação do projeto, o gerente e a equipe não tiverem nenhuma ideia do que devem fazer ou entregar em dado momento, então suas chances de entregar um projeto com total sucesso serão significativamente reduzidas.

7 **As pessoas não têm certeza de quem é responsável pelo quê.** Os erros mais simples frequentemente ocorrem pela falta de delegação básica e clara das tarefas. Isso leva a omissões no projeto – "Oh! Pensei que você estivesse fazendo isso" – ou à duplicação do trabalho, resultando em desperdício de tempo e recursos – "Nós também fizemos isso" ou "Nossa parte do projeto abrange isso também". Quando tempo e recursos são críticos, não há desculpa para responsabilidades incertas.

8 **A equipe gerencia e integra fornecedores externos de forma deficiente.** Com muita frequência, os interessados em um projeto são vistos como sendo apenas aqueles que estão dentro do projeto. Contudo, interessados externos, como os fornecedores, são igualmente importantes para a conclusão bem-sucedida do projeto.

Essas armadilhas em potencial podem ser tratadas individualmente ou como parte de uma estrutura integrada, como a que será apresentada no Capítulo 3. Elas também podem ser enfrentadas como parte do gerenciamento do projeto ou do portfólio e até ser incluídas no monitoramento de tendências e influências externas.

Caso real Fabricante de biscoitos, história de Simon

Narrador Simon foi trazido como consultor em gerenciamento de projetos terceirizado, para ajudar nos problemas de comunicação de um projeto internacional realizado em diferentes países.

Contexto Um projeto multinacional envolvendo trabalho no Reino Unido e no Oriente Médio. O projeto consistia em instalar equipamentos em dois lugares e processar produtos entre eles.

Problema O planejamento das agendas era um pesadelo. As instalações do Reino Unido tinham pessoal de fábrica trabalhando em três turnos de oito horas, cinco dias por semana (de segunda a sexta-feira), e pessoal administrativo trabalhando das 9h às 18h (de segunda a sexta-feira). As instalações do Oriente Médio tinham pessoal trabalhando das 6h às 14h (de sábado a quarta-feira).

Solução Simon criou uma agenda de projeto única, que levava em conta os diferentes calendários de trabalho no Reino Unido e no Oriente Médio. Ele também recomendou a nomeação de um gerente de subprojeto para a parte do Oriente Médio, o qual estava ciente dos padrões de trabalho lá existentes, mas que também podia se comunicar facilmente com o Reino Unido.

Aprendizado Ter uma base de tempo única para o projeto, que levava em conta três agendas de trabalho diferentes, tornou mais fácil fazer o planejamento. Ter um gerente local no Oriente Médio tornou a comunicação muito mais fácil – embora o gerente de subprojeto estivesse sob muita pressão e tenha trabalhado muitas horas extras!

ENTÃO, O QUE É EXATAMENTE GERENCIAMENTO DE PROJETOS? PERGUNTAS FREQUENTES

A tabela a seguir fornece respostas rápidas para algumas das perguntas mais frequentes sobre gerenciamento de projetos. Utilize-a como uma maneira de adquirir uma rápida visão geral.

FAQ 1 *Onde começo?*	**1** Frequentemente, as pessoas se sentem oprimidas quando são apresentadas a um projeto pela primeira vez. Se você utilizou uma metodologia ou processo anteriormente, pergunte-se se o achou útil ou se ele funcionou no seu caso. Se for apropriado, use a mesma estratégia. Em geral, o ponto de partida é entender realmente a necessidade comercial, e não as primeiras atividades dentro do projeto. Pergunte ao principal interessado por que o projeto é necessário e o que ele espera obter. Uma vez que você entenda isso, poderá se envolver mais na atividade.
FAQ 2 *Tenho de obter qualificação em gerenciamento de projetos?*	**2** Absolutamente, não! Muitas qualificações de gerenciamento de projetos são extremamente intensivas e direcionadas a gerentes de projeto especialistas que atuam em tempo integral dentro de certa área ou disciplina. Segundo nossa experiência, a maioria dos gerentes de projeto tem um "emprego fixo", além do gerenciamento de um projeto. Adquira habilidades e técnicas de projeto básicas, em vez de obter uma qualificação total. Depois, quando tiver mais experiência, talvez você queira obter maior qualificação.
FAQ 3 *Quantos objetivos meu projeto deve ter?*	**3** Depende. O que você está tentando alcançar? Objetivos de mais podem se tornar contraditórios; objetivos de menos trazem o risco de seu projeto não apresentar valor suficiente. Não existe um número definido de objetivos, mas você precisa garantir que as necessidades comerciais sejam preenchidas. Deve haver um vínculo direto entre essas necessidades e os objetivos do projeto.
FAQ 4 *De quem devo tentar obter apoio?*	**4** Formalmente, você deve ter um patrocinador de projeto. A função dele é garantir que o restante da empresa apoie você e seu projeto. Além disso, um comitê de análise de projetos (PRB – *project review board*) pode estar disponível para ouvir seus comentários e respostas às perguntas sobre o andamento do projeto. Se você for iniciante no gerenciamento de projetos, consiga um conselheiro para ajudá-lo com certas técnicas de gerenciamento e para responder a suas perguntas.

FAQ 5 ***Qual é o valor da análise de stakeholders?***	**5** Esse fenômeno é relativamente novo no gerenciamento de projetos, o qual reconhece que até os projetos mais bem planejados podem fracassar, caso não obtenham o apoio das pessoas importantes "nos bastidores". Passe algum tempo no início de um projeto pensando em quem poderia acelerar ou destruir seu projeto, se quisesse. Esses são os principais interessados e você precisa mantê-los do seu lado. Lembre-se de que, se houver "cheiro de sucesso" em seu projeto, todos desejarão estar envolvidos.
FAQ 6 ***Como coloco as pessoas certas em minha equipe de projeto?***	**6** Sua equipe de projeto principal ajudará a determinar o sucesso. Para conseguir as pessoas certas, talvez você queira procurar um equilíbrio entre pessoas com experiência e pessoas novas com novas ideias. Nos projetos que gerenciamos, frequentemente procuramos um equilíbrio de habilidades – incluindo quem tem experiência técnica em planejamento e execução de projeto, assim como quem tem excelentes habilidades de comunicação e "interpessoais". Como gerentes de projeto contratados, vindos de fora para um projeto da empresa, procuraríamos uma equipe que pudesse complementar nossas habilidades, e não duplicá-las. Procuramos as pessoas que tenham conhecimento do assunto, em vez de habilidades em técnicas de planejamento. Só você saberá se o equilíbrio correto foi encontrado.
FAQ 7 ***Preciso saber como usar o aplicativo Microsoft Project?***	**7** São as pessoas que executam os projetos, e não os *softwares*. Sem dúvida, algum *software* de projeto pode ser uma vantagem, mas há projetos muito complexos e de bom tamanho que foram entregues com sucesso usando-se uma planilha eletrônica e post-its! Aprenda primeiro a usar uma técnica manual e depois veja se o *software* pode ajudar. Talvez você precise de alguém para gerenciar a produção de dados, mas concentre-se nos resultados, e não na ferramenta utilizada.
FAQ 8 ***Planejo desde o início ou a partir do final programado de meu projeto?***	**8** Pesquisas mostram que a maioria das pessoas parece planejar a partir do ponto final programado do projeto. Às vezes isso é referido como técnica de "programação backward". Comece a partir de um ponto final, planeje as atividades e recursos e, em seguida, defina uma data de início planejada. A data de início que você irá propor provavelmente seis meses atrás; portanto, é aí que começa o divertimento de "esmiuçar" seu plano de projeto!
FAQ 9 ***Todas as minhas atividades fazem parte de um projeto?***	**9** "Para um homem com um martelo, tudo parece prego!" Uma vez que tenha certa experiência em gerenciar projetos, você irá se deparar com a tentação de usar a técnica em toda e qualquer tarefa que aparece na sua frente. Pergunte-se: "Eu preciso me sentar e planejar isso em detalhes?" Se sua resposta honesta for "não", então não complique as coisas. Use seu discernimento ao decidir sobre o detalhe exigido. Pense em quem vai usar seu plano e como.

FAQ 10 ***Quais são as técnicas mais importantes no gerenciamento de projetos?***

10 O gerenciamento de projetos é um vasto campo. Existem muitas ferramentas e técnicas que você pode usar e é difícil sugerir algumas poucas importantes. Contudo, frequentemente é melhor não iniciar atividades de projeto até que você saiba o seguinte:

- Quem é o patrocinador do projeto e ele está entusiasmado?
- Quais são os objetivos fixados?
- Um plano de projeto foi deliberado?

FAQ 11 ***No planejamento do projeto, como sei se me lembrei de tudo?***

11 Não existe uma maneira infalível de garantir que nada foi esquecido. A história está repleta de projetos que omitiram elementos fundamentais até o último minuto. Use a equipe de projeto, os patrocinadores e os interessados para ajudá-lo a planejar. Pergunte-se: "Se concluirmos todas as atividades, atingiremos os objetivos do projeto?" Aprenda com projetos semelhantes anteriores.

FAQ 12 ***Como impeço o aumento de escopo?***

12 Aqui estão algumas sugestões para ajudá-lo a evitar o aumento de escopo:

- Entenda a necessidade comercial e faça os principais interessados aprovarem os objetivos.
- Torne todos os objetivos SMART (acrônimo de *specific, measurable, agreed, realistic* e *time bound* – respectivamente): específicos, mensuráveis, consensuais, realistas e de duração limitada [veja a página 59]).
- Tenha um processo de controle de mudança claro, com aprovação formal das mudanças.
- Administre todos os problemas e mudanças em potencial por meio de reuniões regulares.
- Comunique, comunique, comunique.

FAQ 13 ***Se um projeto sair do rumo, como o elimino antes que cause danos?***

13 Usar um processo *stage-gate* possivelmente é a melhor maneira de garantir que um projeto com potencial para sair do curso possa ser interrompido rápida e facilmente. Decomponha seu projeto em estágios (*stages*) e entre cada estágio realize reuniões de tomada de decisão (portões – *gates*). Examine o andamento em cada portão e decida "Prosseguir", "Não prosseguir", "Segurar" ou "Eliminar". Tenha critérios claros no portão de cada estágio.

FAQ 14 ***Existe um "ciclo de revisão" como parte de meu projeto – quantos "ciclos" devo planejar para meu projeto?***

14 O risco aqui é você revisar demasiadas vezes, com o projeto estourando o orçamento e o tempo. Com base em pesquisa e aprendizado anteriores, fixe antecipadamente quantos "ciclos" você planeja: determine o custo e o tempo deles antecipadamente. Por exemplo, um cliente estava elaborando um jornal. Ele tinha planejado três ciclos editoriais, ou seja, preparar os originais, devolver para correções e retificações. Ele sabia que, em média, cada ciclo levava uma semana e acrescentava £ 2.000 ao projeto, em termos de custos de pessoal. Se os três ciclos fossem ultrapassados, então ele talvez tivesse de ficar com o que tinha ou eliminar o projeto. Na verdade, após dois ciclos editoriais, a maior parte do trabalho era boa o bastante e, portanto, ele ia em frente. O orçamento do projeto estava sobrando, e ele tinha "ganhado" uma semana.

FAQ 15 ***Não tenho orçamento de projeto – como faço para calcular um?***

15 O mais cedo possível na fase de planejamento, use ferramentas como a matriz de atribuição de responsabilidades (RAM – *responsibility assigment matrix*) e a matriz de recursos (veja a página 76) para decompor os requisitos de recurso a um nível em que você possa iniciar as tarefas de avaliação de custo e partes do trabalho. Essas matrizes simplesmente listam na parte superior os envolvidos na execução das tarefas e embaixo o plano de projeto. Elas podem pormenorizar os recursos exigidos ou as habilidades necessárias para cada tarefa. Utilize-as para calcular os custos e para avaliar os riscos em potencial; em seguida, use essas informações como base para o orçamento.

FAQ 16 ***Meu projeto é complexo; preciso decompô-lo em cada atividade?***

16 Delegue onde for possível. Combine uma estrutura global para o projeto e, quando possível, delegue a criação de uma estrutura desmembrada de trabalho (WBS – *work breakdown structure*) para gerentes e especialistas relevantes. Contudo, você e sua equipe principal terão de reunir todas as partes da WBS; portanto, verifique se existe duplicação, procure sinergias e economias de rendimento e, em seguida, crie uma WBS.

FAQ 17 ***Quais ferramentas posso usar na criação de uma WBS?***

17 Uma planilha eletrônica é tão útil quanto qualquer *software* especializado. Na verdade, os *post-its* também são valiosos para a criação de uma estrutura global e para esboçar o projeto, sendo muito flexíveis na decomposição de uma WBS em suas partes constitutivas. Antes de investir em *software* especializado, certifique-se de entender o processo de criação de uma WBS e o planejamento de projeto.

FAQ 18 ***Qual é o volume de detalhes exigido na WBS?***

18 Você precisa ponderar os riscos de um subplanejamento em relação aos custos de um super planejamento. A criação de uma WBS é um processo iterativo: revise-a várias vezes até ter a certeza de que tudo foi abordado de acordo com seu nível de exigência como gerente de projeto. Não existe uma resposta simples aqui; portanto, será bom conseguir ajuda experiente.

Dica

Dica rápida Programação

Inicie as tarefas não críticas assim que os recursos permitirem, para liberá-los posteriormente.

FAQ 19 ***Onde coloco os marcos?***	**19** Sempre que você quiser verificar o progresso em relação ao plano, coloque um marco na agenda do projeto e combine uma reunião de avaliação nesse ponto. Tome cuidado para não fazer reuniões de avaliação em demasia: torne as reuniões de marco vinculadas a "eventos", em vez de usar uma agenda regular. Coloque-as em pontos ou fases críticas do projeto.
FAQ 20 ***Como faço as pessoas comparecerem em uma revisão de fim de projeto?***	**20** Se as pessoas estiverem ansiosas pelo projeto seguinte, ou se o projeto não foi um grande sucesso, haverá relutância em participar de uma revisão de fim de projeto. Faça uma revisão informal – se você oferecer cerveja e *pizzas* e utilizar isso como uma oportunidade de agradecer às pessoas, assim como pelo desempenho da revisão, elas poderão estar mais dispostas a participar! Um princípio-chave é que a equipe de projeto deve procurar aprender antes, durante e depois de cada projeto.

Esperamos que essas perguntas frequentes ofereçam um início rápido para enfrentar o gerenciamento de projetos. O restante deste livro mostra como você passa do entendimento de quais são os principais elementos do gerenciamento de projetos à sua implementação ativa dentro de sua equipe, departamento ou na empresa como um todo.

Gerenciamento na complexidade – gerenciamento de projetos como conhecimento prático

Dra. Svetlana Cicmil

"Dada a natureza altamente complexa dos projetos e da tarefa de gerenciá-los, é relevante perguntar até que ponto uma estratégia racional para a tomada de decisão alcançará os resultados desejados. Grande parte do pensamento e da literatura sobre gerenciamento de projetos tem enfatizado o uso de ferramentas e técnicas e de uma estratégia 'científica' ou instrumental para tal tarefa. Seria fácil para um gerente de projeto recentemente nomeado fazer suposições sobre o poder de uma estratégia tecnocrática na modelagem de projetos e do ambiente de projeto. Minha pesquisa[1] concentra-se na pergunta feita por muitos que se iniciam na carreira de gerenciamento

[1] Cicmil, S. e Marshall, D. (2005), "Insights into collaboration at project level: complexity, social interaction and procurement mechanisms", *Building Research and Information*, 33(6), 523–35; Cicmil, S. (2006), "Understanding project management practice through interpretative and critical research perspectives", *Project Management Journal*, 37(2), 27–37.

de projetos: 'O que significa ser ou começar a se tornar um gerente de projeto especialista ou virtuoso?'

Durante minha pesquisa, desenvolvi um esquema da complexidade de projetos e dos ambientes de projeto que permitia explorar como os gerentes de projeto lidam com a complexidade na prática, como pensam quando estão em ação e que tipo de conhecimento, habilidades e competências consideram úteis na execução de suas tarefas e responsabilidades de gerenciamento de projetos. Identifiquei três preocupações inter-relacionadas essenciais, as quais exigem uma variedade de habilidades alternativas para enfrentar e responder aos desafios nos ambientes de projeto. Essas preocupações resultam do fato de que os projetos não seguem um caminho preciso e previamente planejado. Os planos iniciais são influenciados pela evolução, pela emergência e pela radical imprevisibilidade dos resultados das decisões, ações e interações entre os participantes do projeto, assim como pelo impacto da tecnologia durante a vida do projeto. Eis os três temas inter-relacionados da complexidade do projeto:

1 **Critérios e medida do desempenho do projeto.** Essa preocupação faz parte da tomada de decisão relacionada ao projeto, desde um estágio de concepção e aprovação, quando a proposta de projeto é avaliada em relação a seus benefícios possíveis, esperados ou desejados. Como todos nós temos uma capacidade limitada de tomada de decisão em nossos processos mentais, se nos confrontamos com limitações de tempo e informações, tendemos a reduzir a complexidade global do problema ou desafio a algo com que possamos lidar. Isso é descrito como processo de 'racionalidade limitada'. Em um projeto, existe uma complexa interação entre agendas e compreensões, muitas vezes diversificadas e conflitantes, da tecnologia, do sucesso e dos riscos entre os diferentes tomadores de decisão e interessados no projeto. Tudo isso resulta em ambiguidade e na ambivalência das metas de projeto definidas, dos indicadores-chave de desempenho e dos critérios de sucesso/fracasso do projeto, as quais continuam ao longo do ciclo de vida do projeto. Múltiplas perspectivas estão sempre presentes em todos os problemas do projeto, em que ganho e perda frequentemente dependem da perspectiva adotada pelo interessado em questão. Lidar com a tensão resultante entre racionalidade e poder exige transparência e responsabilidade individual e institucional. Também são necessários verificações e equilíbrios contratuais e institucionais, determinados pelas possibilidades de melhora de desempenho por meio de participação e de opções voltadas ao futuro, em vez de regras explícitas governando as práticas. Em última análise, uma visão de cima, uma perspectiva integrante, o correto discernimento na tomada de decisão e a disposição para agir diante dessas incertezas distinguem o gerente de projeto eficaz.

2 **Imprevisibilidade inerente de eventos futuros afetando o projeto.** As ações, as respostas e o comportamento das pessoas durante o trabalho de projeto, assim como as mudanças na tecnologia, as expectativas e um ambiente mais amplo afetando os participantes e interessados no projeto, sempre acarretam certo grau de apreensão quanto ao que significa agir 'profissionalmente' nas circunstâncias de 'não saber' exatamente o que vem pela frente. Isso expõe as deficiências de um paradigma de 'controle' dominante do gerenciamento de projetos e seu entendimento como disciplina técnica, determinado pela premissa da possibilidade de planejamento detalhado e previsão. A noção de fluxo do tempo é responsável pelos horizontes do planejamento longo, implicando a inevitável mudança de escopo e a ambição ao longo do tempo entre os vários participantes do projeto. Isso exige um controle de projeto que não é apenas formalizado estruturalmente, mediante cláusulas de contrato, multas e leis, mas também socializado por meio do envolvimento e da colaboração entre os participantes. Desse modo, torna-se possível para o gerente de projeto lidar simultaneamente tanto com a implementação do projeto (isto é, garantir que o trabalho exigido esteja sendo executado) quanto com sua orientação (facilitar a ação conjunta exigida para a conclusão do projeto), quando não há nenhum equilíbrio de valor. Consequentemente, a característica distintiva dos gerentes de projeto não é o controle, mas a capacidade de operar eficientemente em um ambiente ambíguo. Outro diferencial é a capacidade de, individual e coletivamente, manter o senso de si mesmo e suas defesas contra a incerteza, a fim de criar uma atmosfera participativa na qual mais ação conjunta seja possível com o intuito de executar o projeto.

3 **Interações entre vários organismos.** A interação e os processos sociais de relação entre os atores do projeto (promotores do projeto, instituições financeiras, público, representantes da lei, empreiteiras, etc.) com diferentes formações profissionais, culturas, lógicas de representação, sistemas de valor e posições de poder são complexos. Ao longo da vida do projeto, essas interações mudam e serão, simultaneamente, alteradas por assimetrias de poder, intenções participativas, emoções, resistência, microdiversidade, aprendizado coletivo e processos de mudança de identidade. Mas, como os projetos são ambientes sociais nos quais as pessoas executam suas tarefas, não apenas fazendo seu trabalho de forma competente, mas também interagindo umas com as outras, o progresso do trabalho, assim como o controle da implementação do projeto, está incorporado e é criado justamente por essa microdiversidade no ambiente do projeto. Portanto, o bom gerenciamento de projetos consiste em entender o potencial e a complexidade dessa microdiversidade e dos relacionamentos ao longo do tempo, bem como em

capitalizar esse entendimento a fim de executar o projeto. Isso exige do gerente de projeto ser sensível aos padrões de conversação, culturais e relacionados ao poder que permeiam determinado projeto, bem como estar preparado para se envolver e participar criativamente desses processos de interação. Habilidades de conversação e autoconsciência são necessárias para o gerente de projeto, a fim de garantir o surgimento de ação colaborativa e com isso permitir o 'próximo passo' e criar uma posição a partir da qual sejam possíveis mais ações, aceitáveis para eles e por outros atores do projeto.

Gerenciar na complexidade, isto é, lidar simultaneamente com imprevisibilidade, mudança, renegociação contínua de metas, ansiedade e risco, enquanto age criativamente nos momentos de 'desacomodação' (não saber, não estar no controle) delineados acima, exige muitas habilidades, a saber:

- A capacidade de prestar atenção à qualidade das conversas que permitem ação (habilidades de conversar com persuasão, para renegociação de promessas e planos originais, manter o estímulo, motivação e confiança, etc.) no ambiente em que existe um alto nível de diversidade e tensão entre agendas, interesses ou valores.
- A capacidade de usar tanto retórica (facilitando as conversas pela introdução de 'temas persuasivos' que estimulem novos padrões de comportamento e relacionamento) como técnica ou dispositivos de controle (contratos, planos, relatórios).
- Um bom controle da ansiedade ao se deparar com a imprevisibilidade, com capacidade de 'pensar de forma estável'.
- Um profundo entendimento da microdiversidade de um projeto – tanto seu potencial destrutivo como construtivo – e capacidade para construir alianças e redes colegiadas de apoio.
- Sensibilidade à própria ação e autoconsciência nos ambientes em que vários sistemas de valor e assimetrias de poder têm surgido sob circunstâncias históricas e sociais particulares, frequentemente criando 'vencedores e perdedores'.
- A capacidade de encarar, assim como exercitar, o poder.

Essas habilidades propostas de um gerente de projeto especialista abrangem intuição, discernimento e virtuosismo social e político em contextos locais. Elas podem ser nitidamente contrastadas com as prescrições correntes e convencionais da 'melhor prática' no gerenciamento de projetos, as quais promovem um tipo mais instrumental e técnico de conhecimento especializado. O trabalho diário do gerente de projeto (monitorar, controlar, planejar novamente, relatar, comunicação com interessados, tomada de decisão) deve ser visto como uma ação social e política, guiada por uma habilidade dependente do contexto: a capacidade de pensar e agir reconhecendo e deliberando de forma transparente a respeito de valores e interesses no contexto e estimulando o diálogo e as opiniões de diferentes grupos ao decidir sobre o rumo do projeto. Esse é um passo além da percepção limitada dos gerentes de projeto como técnicos habilidosos e exige modelos inovadores e criativos de desenvolvimento e instrução em gerenciamento, reconhecendo o papel da experiência e da auto-reflexão na criação do tipo de competência social equilibrada dos gerentes de projeto delineado anteriormente. ”

Capítulo 2

Auditoria de Gerenciamento de Projetos

Para melhorar o desempenho, primeiro você precisa saber qual é seu ponto de partida, quais são seus pontos fortes e fracos e como cada um deles favorecerá ou limitará o alcance de seus objetivos. Você precisa ter dois níveis de conscientização. O primeiro é reconhecer como são e como se comportam as equipes ou empresas mais eficientes em termos de gerenciamento de projetos e quanto sua equipe está perto de imitá-las. O segundo é saber o que é necessário para liderar essa equipe – você possui as qualidades pessoais necessárias para o sucesso?

AVALIAÇÃO DA EQUIPE

Minha equipe está maximizando seu potencial no gerenciamento de projetos?

Use a lista de verificação a seguir para avaliar a situação atual de sua equipe, considerando cada elemento um após o outro. Utilize a avaliação vermelho-âmbar-verde simples, em que vermelho (Vm) reflete as áreas nas quais você considera a afirmação completamente incorreta para sua empresa e sugere a existência de problemas significativos que exigem atenção imediata; âmbar (A) indica áreas de preocupação e risco; e verde (Vd) significa que você está contente com a situação atual.

ID	Categoria	Critérios de avaliação	*Status*
Gerenciamento de projetos			**VmAVd**
P1	Necessidades do negócio	Os projetos estão bem alinhados às necessidades comerciais e refletem as necessidades do cliente e do consumidor; as interdependências com outros projetos estão realçadas	☐
P2	Objetivos do projeto	Todos os projetos apresentam objetivos claros, com indicadores-chave de desempenho (KPIs) e metas fixados, e cada um tem um *business case* ou retorno sobre o investimento estabelecido	☐
P3	*Stakeholders*	Os principais interessados estão identificados, e seu comprometimento foi avaliado; as equipes planejam agir ativamente para persuadir aqueles que resistem	☐
P4	Plano de trabalho e cronogramas	As tarefas e prioridades foram definidas, o caminho crítico está identificado e os marcos foram fixados	☐
P5	Problemas e riscos	Os problemas e riscos foram identificados, as ações corretivas combinadas e os pedidos de mudança gerenciados; planos de contingência estão em vigor	☐
P6	A equipe	Os líderes de projeto foram selecionados adequadamente, e as equipes foram montadas com funções e responsabilidades claras	☐
P7	Decisões críticas	As decisões críticas estão identificadas, um processo de tomada de decisão foi fixado e obteve-se a adesão dos principais interessados às decisões	☐
P8	Recursos e orçamento	Os requisitos de recurso foram identificados e avaliados em termos de quantidade e qualidade, e os orçamentos estão fixados	☐
P9	Liderança do projeto	Foram nomeadas as pessoas certas como patrocinadores do projeto; os líderes de projeto detêm as habilidades apropriadas, a maneira certa de pensar e o nível de comprometimento adequado	☐
P10	Comunicação	Foi combinado um processo de comunicação que garante que a informação correta seja transmitida aos interessados certos, no formato correto e no momento adequado	☐

Caso real Governo central, história de Graham

Narrador Graham é gerente de projeto de um departamento do governo central em um importante projeto de infraestrutura (ele é o fornecedor em um contrato de longo prazo).

Contexto Em comum com outros projetos governamentais que operam em vários departamentos, foi nomeado um comitê diretor de pessoal de alto nível para supervisionar o andamento do projeto. Esse grupo se reúne uma vez por mês, obrigando a equipe de projeto a interromper suas atividades por 1 turno a fim de se preparar para a reunião, gastanto um turno nessa reunião e + 1 turno nas atividades de acompanhamento.

Problema O tempo ocupado por essas reuniões estava fazendo o projeto atrasar e estourar o orçamento, além de causar problemas de motivação entre os líderes de projeto e as equipes.

Solução Graham atribuiu a uma pessoa por equipe a tarefa de cuidar de cada comitê diretor. A missão era simples – economizar tempo da equipe de projeto. Para tanto, elas utilizavam apenas informações que a equipe de projeto já estava gerando e não pediam nenhuma ajuda na preparação. Aproximavam-se dos membros do comitê e valiam-se desse relacionamento para blindar as equipes. Ademais, realizavam todo o acompanhamento.

Aprendizado Não aceite procedimentos contraproducentes. Você não tem necessariamente de aceitá-los e incorporá-los, mas sim procurar uma maneira de reduzir o trabalho das equipes de projeto.

AUTOAVALIAÇÃO

Eu tenho o que é necessário?

Esta seção apresenta uma lista de pontos de autoavaliação com os fatores que compõem um líder bem-sucedido na Via Expressa para o gerenciamento de projetos. Eles refletem o conhecimento, as capacidades, as atitudes e os comportamentos exigidos para se chegar ao topo, independentemente de seu nível atual de senioridade. Assuma o controle de sua carreira, comporte-se profissionalmente e reflita sobre sua visão pessoal para os próximos cinco anos. Essa avaliação gera um esquema de ação para o restante do livro.

Dica rápida Revisão

Examine projetos anteriores de natureza semelhante. Descubra as armadilhas e áreas de risco em potencial – e também onde podem ser obtidas vitórias fáceis.

Esta próxima seção realiza uma "auditoria" a seu respeito, como indivíduo, sobre o conhecimento, capacidades, atitudes e comportamentos normalmente associados ao sucesso na liderança e no gerenciamento de projetos. Use a lista de verificação da próxima página para identificar onde você, pessoalmente, precisa adquirir conhecimento ou habilidades. Preencha essa lista honestamente e, então, peça a alguém que o conheça bem, seu chefe ou um membro importante de sua equipe, para examiná-la com você. Faça mudanças em sua avaliação, caso as pessoas teçam considerações a seu respeito que você não tinha levado em conta.

Use o seguinte processo de pontuação

1 Uma área totalmente nova de conhecimento ou habilidades
2 Você está ciente dessa área, mas possui pouco conhecimento e/ou carece de habilidades
3 Uma área em que você é razoavelmente competente e está tentando melhorar
4 Uma área em que você possui um nível satisfatório de conhecimento e habilidades
5 Uma área em que você está consistentemente acima da média
6 Você é reconhecido em toda a empresa como pessoa-chave nessa área de conhecimento e habilidades

Reflita sobre as pontuações mais baixas, identifique as áreas que são críticas para o sucesso e marque-as com o *status* vermelho (R), exigindo atenção imediata. Em seguida, identifique as áreas com as quais está preocupado e marque-as com o *status* âmbar (A), indicando áreas de desenvolvimento que precisam ser monitoradas de perto. O *status* verde (G) significa que você está satisfeito com o estado atual.

ID	Categoria	Critérios de avaliação	Pontuação	*Status*
Conhecimento			**0 a 5**	**VmAVd**
C1	Setor de atuação e mercados	Tenho profundo conhecimento de meu setor de atuação em termos de escopo (limites), tamanho global e crescimento, e principais tendências. Como resultado, tenho um claro entendimento dos tipos de projeto que devem ocorrer	☐	☐
C2	Contexto empresarial	Tenho um bom entendimento sobre onde meu projeto (ou projetos) se encaixa e está vinculado à estratégia empresarial. Torno as pessoas cientes de como contribuem para a estratégia de crescimento a longo prazo da empresa	☐	☐
C3	Gerenciamento de portfólio	Sei como os projetos se relacionam entre si e compreendo as prioridades, as limitações de recursos e as possíveis áreas de conflito interno no projeto	☐	☐
C4	Melhores práticas	Estou ciente do pensamento mais recente no gerenciamento de projetos como disciplina e conheço as ferramentas e técnicas classificadas como "adequadas" dentro de minha empresa	☐	☐
Competências				
C1	Gerenciamento de projetos	Tenho capacidade para definir, planejar, monitorar e controlar as atividades de mudança, a fim de apresentar as melhorias de desempenho identificadas – no prazo e dentro do orçamento	☐	☐
C2	Gestão de riscos	Consigo pensar adiante e identificar, priorizar e reduzir os obstáculos à implementação eficaz e duradoura dentro dos projetos	☐	☐
C3	Tomada de decisão	Sou hábil de identificar áreas para a tomada de decisões, gerar opções, entender os riscos das alternativas e comunicar as decisões aos *stakeholders*	☐	☐
C4	Comunicação	Possuo elevado grau de habilidade em comunicar visões de alto nível, objetivos e planos detalhados a diferentes equipes de projeto, da forma mais clara e concisa possível	☐	☐

(continua)

(continuação)

ID	Categoria	Critérios de avaliação	Pontuação	Status
Atitudes			**0 a 5**	**VmAVd**
A1	Flexibilidade	Desenvolvi a mentalidade de que, se as coisas não saem como combinado, procuro outras maneiras de atingir os objetivos do projeto	☐	☐
A2	Aprimoramento contínuo	Aprendo com os sucessos e fracassos passados e me esforço para ser cada vez melhor a cada novo projeto	☐	☐
A3	Altas expectativas	Espero o melhor de todos os envolvidos no projeto e estabeleço elevados padrões profissionais o tempo todo	☐	☐
A4	Resultados orientados	Atingir o objetivo, a despeito dos obstáculos e mudanças, está em primeiro lugar em minha mente durante todo o projeto. Isso implica permanecer flexível em todas as coisas	☐	☐
Comportamentos				
C1	Direcional	Quando apropriado, tomo decisões ou assumo riscos sozinho. Contudo, consigo ser autocrático e controlador, se o projeto enfrenta uma crise e não há tempo para consultas	☐	☐
C2	Analítico	Insisto nos fatos, observações e análise detalhados para permitir que sejam tomadas as decisões estratégicas corretas e avaliados os riscos	☐	☐
C3	Busca de opinião	Solicito comentários e opiniões para tomar decisões, de modo a gerar confiança nas equipes e nos indivíduos e obter a adesão dos interessados	☐	☐
C4	Democrático	Estimulo a participação e o envolvimento da equipe e delego poderes aos membros da equipe para ajudar a fortalecer o comprometimento com o projeto	☐	☐

Dica rápida Planejamento

Quando estiver diante de múltiplos projetos, coloque-os em ordem de prioridade assim que possível, para evitar conflitos prejudiciais e dispendiosos posteriormente.

RESUMO DA AUDITORIA

Reflita alguns instantes sobre a matriz liderança-eficácia da equipe, e considere sua posição atual: onde você está e quais são as implicações disso?

- **Quadrante inferior esquerdo – liderança inapropriada e uma equipe ineficiente.** Isso resultará em fracasso. Talvez você já esteja atrasado demais.
- **Quadrante superior esquerdo – liderança excelente, mas uma equipe ineficiente.** Você possui uma excelente visão, mas provavelmente não a implementará; sendo assim, ela terá pouco impacto. Você precisará encontrar uma maneira de levar as pessoas junto consigo e introduzir sistemas e processos para melhorar a eficiência da equipe.
- **Quadrante inferior direito – liderança inapropriada, mas uma equipe excelente.** Vocês são muito eficazes e eficientes como equipe, mas podem estar indo na direção errada por causa de uma liderança equivocada.
- **Quadrante superior direito – liderança e direção seguras, combinadas com uma equipe eficiente e eficaz.** É aí que você deseja estar. Muitas novas ideias excelentes para o gerenciamento de projetos, vinculadas aos objetivos comerciais atuais e a uma unidade de equipe capaz de entregar o produto ou serviço dentro do prazo e do orçamento. Se você ocupa um quadrante, não precisa deste livro – doe-o a ou passe-o a outra pessoa!

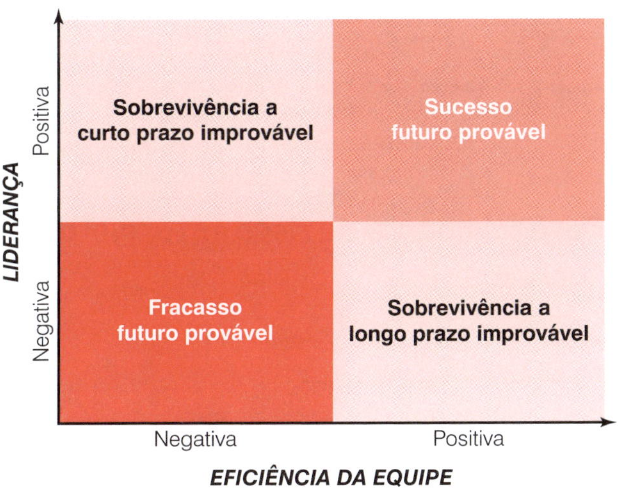

Dica rápida Recursos

Estime os custos cuidadosamente. Use técnicas de estimativa quando obtiver muitos cálculos de custo diferentes para a mesma tarefa. Lembre-se de que, uma vez aprovados os custos, você estará amarrado a eles.

PARE – PENSE – AJA

A Parte I proporcionou um breve panorama do que é gerenciamento de projetos, e você também terá avaliado o seu próprio desempenho e o de sua equipe em relação aos pontos da categoria "melhores práticas". Isso terá aumentado sua conscientização do que é possível e esclarecido sua posição atual.

Reflita algum tempo sobre seu perfil, para identificar as "vitórias rápidas" que poderia obter hoje e para ver quais capítulos do livro poderiam ajudar mais nesse sentido. Procure as áreas em que você poderia obter uma "vitória rápida" e melhorar as questões a curto prazo. Faça a você mesmo e à equipe as seguintes perguntas:

O que devemos fazer?	O que mudaremos hoje e que diferença isso fará (por quê)?
Quem precisamos envolver?	Quem mais precisa estar envolvido para fazer isso funcionar e por quê?
De que recursos precisaremos?	Que informações, instalações, materiais, equipamentos ou orçamento serão necessários? Eles estão disponíveis?
Qual é o cronograma?	Quando essa mudança será implementada – há um prazo final?

Visite o *site* **www.Fast-Track-Me.com** para ter acesso à ferramenta de planejamento *on-line* deste livro.

PALAVRA DO ESPECIALISTA

Gerenciamento de risco em projetos

Dr. Stephen Simister

Existem riscos e custos em um programa de ação. Mas eles são muito menores do que os riscos e custos de longo padrão resultantes de uma inércia confortável. (John F. Kennedy)

Os projetos são empreendidos para concretizar oportunidades, e o risco está presente em todos eles. Portanto, os projetos são um balanço entre risco e oportunidade. Um projeto de alto risco terá de produzir um alto nível de oportunidade para que valha a pena. O desafio do gerenciamento de projetos é reduzir o risco ao mesmo tempo em que maximiza a oportunidade. Meu enfoque aqui estará no risco.[1]

Os gerentes de projeto estão rotineiramente envolvidos em decisões que exercem grande impacto sobre o risco. Na prática, muitas decisões de projeto importantes são tomadas, conscientemente ou não, para reduzir o risco. Mas a gestão de riscos preocupa-se em estabelecer um conjunto formal de processos e práticas pelos quais o risco é administrado, em vez de ser tratado de forma predefinida. O gerenciamento eficaz do risco, enquanto responsabilidade do gerenciamento de projetos, só pode ser alcançado por ações de toda a equipe de projeto, incluindo o cliente.

A gestão de riscos é um processo que visa a identificar, avaliar e responder aos riscos associados ao cumprimento de um objetivo – por exemplo, a construção de um novo edifício comercial – e o foco aqui são os riscos comerciais. Os riscos à saúde e aqueles relacionados à segurança provavelmente devem ser considerados em separado e estão fora dos objetivos desta discussão. A gestão de riscos formaliza a abordagem intuitiva ao risco que as equipes de projeto frequentemente adotam. Utilizando uma estratégia formal, as equipes de projeto podem gerenciar o risco de maneira mais proativa, moldando e modelando o estado futuro de um projeto. Além disso, é preciso haver uma estratégia de gestão de riscos global para que esse processo de gestão de riscos seja implementado de maneira coordenada. Essa estratégia deve incluir o modo como a gestão de riscos será integrada no processo de gerenciamento de projetos durante todo o ciclo de vida do projeto.

A gestão de riscos deve ser flexível, adaptando-se às circunstâncias das necessidades do cliente e do projeto. Alguns clientes exigem uma fotografia dos riscos no início do projeto, com uma avaliação de riscos inicial, o fornecimento de um registro de risco isolado e uma rápida estimativa do efeito combinado. Outros projetos podem exigir um serviço de gestão de riscos completo, sendo o risco continuamente tratado ao longo do projeto.

A gestão de riscos deve ser empreendida como parte de um processo formal estruturado, que precisa estar alinhado à estratégia de gerenciamento de projetos global. Eis os principais elementos que precisam ser considerados como parte de um processo de gestão de riscos:

---

[1] Mais informações podem ser encontradas em Simister, S. J. (2004), "Qualitative and quantitative risk management" em P. W.G. Morris e J. K. Pinto (eds.), *The Wiley Guide to Managing Projects*, Hoboken, NJ: Wiley. Para gerenciamento de oportunidades, consulte Hillson, D. (2008), *Effective Opportunity Management for Projects: Exploiting Positive Risk*, Abingdon: Marcel Dekker.

- Identificar o pessoal e os recursos que estarão envolvidos no processo de gestão de riscos.
- Definir linhas de divulgação e responsabilidade pelo processo de gestão de riscos.
- Vincular o plano de gestão de riscos a outras ferramentas de gerenciamento de projetos, como gerenciamento de segurança, de qualidade e ambiental, e sistemas de planejamento e divulgação.
- Consolidar em uma estratégia de resposta apropriada e todos os riscos identificados, para que os efeitos acumulados possam ser percebidos.
- Determinar intervalos de auditoria de risco e principais marcos.
- Incluir marcos de risco nos planos de projeto.
- Identificar possíveis estratégias de resposta e programas para cada categoria de risco, incluindo planos de contingência e medidas para lidar com riscos novos ou não resolvidos.
- Avaliar os custos envolvidos.
- Monitorar o sucesso das estratégias de respostas e produzir realimentação para relato em futuros projetos.

O gerenciamento de riscos é um elemento tão importante em qualquer projeto que o gerente de projeto precisa não apenas estar instruído sobre o processo, mas também ser proativo no exame e monitoramento dos riscos ao longo de toda a duração do projeto. Parte da boa prática decisória é avaliar o risco como um componente do processo de tomada de decisão, mas isso frequentemente recebe atenção insuficiente. Uma consideração importante para o gerente de projeto é reconhecer quando deve recorrer a especialistas para garantir que a estratégia esteja correta. O inconveniente em potencial de uma gestão de riscos insatisfatória é o impacto não apenas sobre o sucesso do projeto, mas também sobre a percepção de novas oportunidades pelo empreendimento de futuros projetos. Como disse, *sir* Winston Churchill muito apropriadamente: 'O pessimista vê dificuldade em cada oportunidade. O otimista vê a oportunidade em cada dificuldade'. ”

PARTE II

Via Expressa para a Empresa

Independente de sua função ou disciplina escolhida, observe os gerentes bem-sucedidos que você conhece e que admira. Chamamos essas pessoas de gerentes que usam a Via Expressa, pessoas que têm o conhecimento e as habilidades para obter bom desempenho e acelerar suas carreiras. Observe como elas se destacam em três coisas:

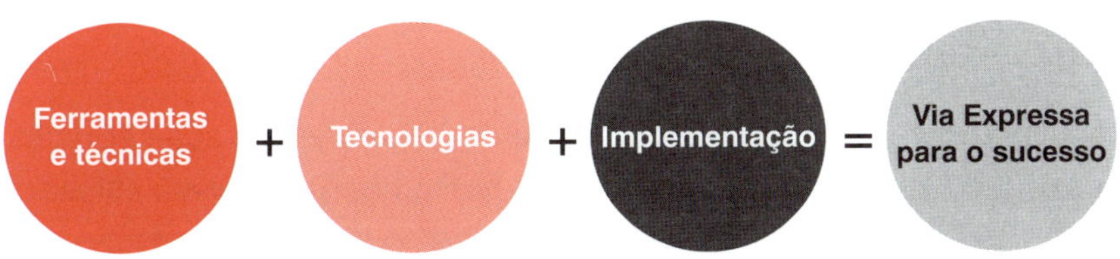

Ferramentas e técnicas

Essas pessoas têm um bom entendimento das melhores práticas para seu campo em particular. Isso se dá na forma de métodos e técnicas que transformam conhecimento em decisões, percepções e ações. Elas sabem o que as melhores empresas fazem e têm a capacidade de interpretar o que é relevante para seus próprios negócios. Os processos que utilizam geralmente têm explicação simples e formam uma estratégia lógica, passo a passo, para resolver um problema ou capturar dados e ideias. Elas também estimulam a criatividade – os gerentes que utilizam a Via Expressa não seguem um processo de maneira submissa, onde sabem que estão agindo mecanicamente em vez de procurar ideias sobre como melhorar o desempenho. Essa combinação de método e criatividade produz as soluções ótimas

Essas pessoas também têm um claro entendimento do que é importante saber e do que é apenas ruído. Ou já conhecem essa informação ou a têm na ponta dos dedos, como e quando precisarem. Elas também têm mecanismos de filtragem eficientes para não ficarem sobrecarregadas com informações irrelevantes. O nível de detalhe exigido varia substancialmente de uma situação para outra – um pequeno empresário trabalhará muito mais no conhecimento que tem e na obtenção de fatos a partir de conversas rápidas com especialistas, enquanto uma grande corporação poderá empregar equipes de analistas e empresas de pesquisa. Frequentemente, quando uma equipe está passando por algum processo, descobre a necessidade de mais dados.

Tecnologias

Contudo, ter os fatos e conhecer a melhor prática pouco adiantará, a não ser que isso seja incorporado nos sistemas que as pessoas utilizam diariamente. Os gerentes que utilizam a Via Expressa são bons na avaliação da relevância de novas tecnologias de informação e na adoção das que são adequadas para maximizar a eficácia e a eficiência.

Implementação

Por fim, tendo projetado a estrutura apropriada para eles e suas equipes, os gerentes que utilizam a Via Expressa têm muita habilidade para influenciar e também são excelentes na liderança do trabalho de implementação, pondo em vigor as mudanças necessárias para desenvolver e manter o desempenho da equipe.

O modo como você utilizará as diversas ferramentas e técnicas apresentadas na Parte B deve variar e, até certo ponto, dependerá do estilo pessoal. Ao ler os três capítulos a seguir, procure primeiro entender como cada um deles poderá afetar você e sua equipe. Em seguida, determine qual nível de mudança pode ser apropriado, dado seu ponto de partida, sua autoridade e ambições profissionais.

CAPÍTULO 3

As Dez Melhores Técnicas e Ferramentas de Gerenciamento de Projetos

Este capítulo apresenta um esquema de métodos ou técnicas para melhorar o desempenho e facilitar a vida de um novo gerente de projeto. Dominar cada atividade pode levar uma vida inteira, mas o gerente que utiliza a Via Expressa saberá em quais áreas deve se concentrar – estabeleça as áreas corretas e suas chances de sucesso aumentarão. Frequentemente, o sucesso está relacionado à introdução de ferramentas e técnicas simples para aumentar a eficácia e a eficiência.

APRESENTANDO AS FERRAMENTAS E TÉCNICAS DE GERENCIAMENTO DE PROJETOS

O que precisa ser incluído? – as dez melhores ferramentas e técnicas?

Existem, literalmente, milhares de ferramentas e técnicas disponíveis para o gerente de projeto em todas as áreas do gerenciamento de projetos. Algumas delas são tão complexas e especializadas que somente uns poucos gerentes de projeto poderiam utilizá-las e, mesmo assim, apenas raramente. Outras podem ser relevantes apenas para certos tipos de projetos. Então, quais delas devemos escolher?

Os critérios para a seleção de nossas dez melhores técnicas e ferramentas baseiam-se em dois elementos: aquelas incluídas em nossa estrutura integrada de gerenciamento de projetos e aquelas que nós mesmos utilizamos nos projetos de nossos clientes e achamos que seriam úteis para você, na maioria dos projetos com os quais poderá estar envolvido. Conforme você adquira experiência no gerenciamento de projetos, verá que existem certas técnicas e estratégias que se tornarão suas "favoritas" e definirão seu "estilo" e sua conduta no gerenciamento. A estrutura integrada de gerenciamento de projetos pode ser considerada sua "estratégia de projeto" ou processo, destinada a ajudar em todos os projetos que você gerenciar (veja a figura a seguir).

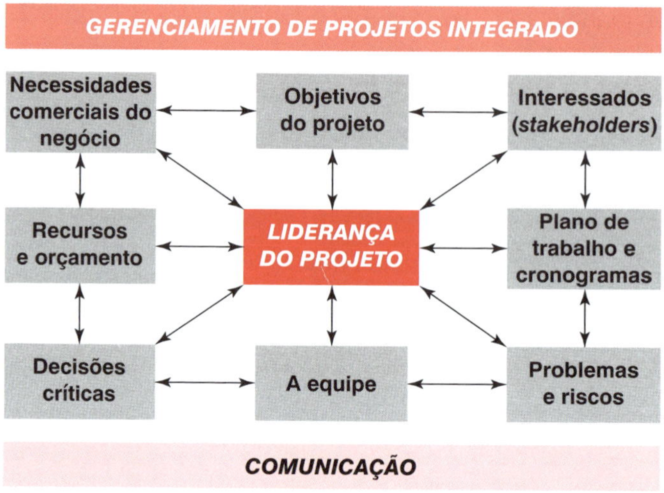

1 Lembrando sempre que os projetos são uma maneira de gerar valor para a empresa, vale a pena começar com a seção **necessidades do negócio** e ver como se cria um *projeto SPRINT*.

2 Os **objetivos do projeto** estão rigorosamente alinhados às necessidades do negócio; portanto, saber como definir *objetivos* claros é uma boa habilidade a adquirir.

3 Em seguida, veremos os **interessados** (*stakeholders*) e a *análise do interessado* (*stakeholders*) como técnica, enfatizando a importância de manter todas as pessoas importantes "do nosso lado".

4 Na seção sobre **plano de trabalho e cronogramas**, existem muitas técnicas a escolher, mas decidimos nos concentrar na *análise do caminho crítico* e em seu cálculo como ferramenta central.

5 Na seção **problemas e riscos**, uma técnica simples para *planejamento de contingências* sempre se mostrou útil e pode ser usada em todo e qualquer projeto.

6 Em **a equipe**, examinamos a *seleção* das melhores pessoas para o trabalho e a definição de suas funções e departamentos.

7 Ligado a esse trabalho em equipe, examinamos como tomar **decisões críticas** dentro dos projetos.

8 Novamente, existem muitas ferramentas e técnicas para gerenciar **recursos e orçamento**, mas uma maneira simples de criar um *orçamento de projeto* e planejar recursos é sempre útil.

9 Em matéria de **liderança de projeto**, saber quando *delegar* e quando não delegar costuma ser um fator de sucesso importante, e algo com que os iniciantes em gerenciamento de projetos podem se debater.

10 Por fim, entender em que consiste exatamente a **comunicação** do projeto e como estabelecer um *plano de comunicação* é sempre útil, seja qual for o projeto.

Caso real Banco internacional, história de Patrick

Narrador Patrick estava trabalhando como consultor em um banco dos EUA, a fim de melhorar a entrega e acompanhar o andamento dos projetos.

Contexto Os projetos careciam de recursos; consequentemente, não apresentavam os benefícios declarados e não atingiam os objetivos empresariais dentro do orçamento.

Problema Não havia no banco clareza quanto ao portfólio de projetos global. A gerência intermediária era pressionada a manter todos os projetos funcionando de acordo com o cronograma, e havia o sentimento de que a alta direção estava insegura quanto ao tamanho e à escala do portfólio de projetos.

Solução Tendo examinado as diferentes percepções da escala e do escopo do portfólio de projetos, Patrick descobriu que a direção havia subestimando o número de projetos em curso por um fator de três. Seguindo sua análise, foi decidido que a empresa precisava instalar uma ferramenta de projeto baseada na Web, a fim de dar a todas as partes interessadas uma visão tanto do número como do escopo dos projetos do portfólio. Além disso, a nova ferramenta significaria que os gerentes de projeto seriam capazes de sinalizar os problemas e as preocupações à equipe de superiores instantaneamente.

Aprendizado Sem total visibilidade e controle sobre o portfólio, a função de um gerente de projeto torna-se mais difícil, por causa de decisões equivocadas da alta direção. Conhecer o número total de projetos à mão e seu vínculo com a estratégia corporativa é um prerrequisito necessário para a eficiente alocação e gerenciamento de recursos.

1 Necessidades do negócio

O valor de um SPRINT

Sempre se deve lembrar que os projetos existem para gerar valor para a empresa. Em projetos prolongados e complexos, às vezes as pessoas envolvidas simplesmente se esquecem do motivo pelo qual estão fazendo o que estão fazendo. Ter uma visão mais abrangente permite aos envolvidos no gerenciamento e na apresentação de projetos ser o mais flexível possível o tempo todo, sem, entretanto, perder o foco das necessidades da empresa.

Por exemplo, certa vez trabalhamos com uma grande empresa de produtos químicos alemã que estava em meio à transferência de controle de sua divisão de "produtos químicos especializados" para um consórcio bancário. Havia, portanto, pressão para gerar valor nessa divisão, a fim de se obter o melhor preço possível. De modo que a empresa estava concentrada em fazer com que o máximo possível de projetos (novos produtos) fosse concluído dentro de uma escala de tempo bastante curta. Os gerentes de projeto e o escritório de projetos (PMO) eram profissionais que agiam conforme seus manuais. Eles estavam obcecados por "fazer as coisas corretamente" em seu próprio estilo desfavorável.

Todavia, com um terço de um grande projeto realizado (produzir uma nova substância química), os concorrentes lançaram um produto semelhante. Nesse setor, a primeira colocação no mercado é tudo; portanto, o melhor teria sido examinar a necessidade comercial e decidir se o projeto poderia ser corrigido ou cancelado. Contudo, como o foco era "fazer as coisas corretamente", o projeto seguiu em frente e o produto (bem feito e gerenciado de forma excelente) foi colocado no mercado no prazo, dentro do orçamento e com a especificação exigida.

No entanto, como os concorrentes haviam se antecipado à empresa de produtos químicos, o produto resultou em um fracasso de vendas. Estava claro que o foco deveria ter sido direcionado à necessidade comercial e a "fazer a coisa certa" (isto é, alterar ou eliminar o projeto), e não a gerenciar o projeto de forma excelente – "fazer as coisas corretamente".

Em muitas empresas, as pessoas envolvidas nem sempre estão informadas acerca do que consiste o projeto do ponto de vista comercial. Elas são informadas sobre o que fazer, quando fazer e talvez até mesmo sobre o padrão de qualidade pertinente à tarefa em curso, mas carecem de uma visão geral.

Se você, como gerente, acredita que as pessoas darão o melhor de si quando solicitadas a conseguir algo, e que seu papel é motivá-las e inspirá-las, então é fundamental transmitir-lhes uma visão mais abrangente e fazer com que compreendam a necessidade comercial.

> **Dica rápida Objetivos**
>
> Esteja preparado para eliminar os objetivos que tenham baixa prioridade, a fim de ajudar a gerenciar os recursos. Seu enfoque deve ser sempre o objetivo principal.

Uma das melhores maneiras de garantir que todos os projetos apresentem o valor exigido por uma empresa é usar uma lista de verificação, a fim de que você não omita nada ao definir o escopo do projeto. Essa lista garante que:

- você evite duplicação e lacunas no projeto ou programa global;
- seu projeto trate da necessidade real, e não do que as pessoas acham que deveria acontecer;
- os membros da equipe tenham um entendimento comum sobre como o projeto gerará valor (é sabido que um entendimento consensual é prerrequisito para a montagem da equipe e a geração de comprometimento).

Uma das listas de verificação mais úteis nesse nível é a SPRINT. Esse acrônimo (do inglês *situation, problem, risks, impact, needs* e *timing*) significa situação, problema (ou oportunidade), riscos, impacto, necessidades e cronograma.

Aproveitando cada oportunidade para desenvolver o espírito de equipe e o comprometimento, pode ser interessante reunir sua equipe de projeto básica para ajudar a percorrer a lista de verificação SPRINT e, então, reconferi-la com o patrocinador do projeto. Na maioria dos casos, a equipe de projeto básica é composta (no mínimo) por: você (o gerente de projeto), seu assistente, gerentes de subprojeto, especialistas envolvidos durante o projeto e um representante do patrocinador do projeto ou do principal *stakeholder*. A lista de verificação SPRINT deve ajudá-los a entender em que consiste o projeto. É possível que algumas das perguntas ou respostas empresariais que compõem a lista tenham surgido em uma breve exposição do patrocinador do projeto ou da equipe da alta direção. Nesse caso, certifique-se de que todo o pessoal relevante para o projeto entenda o que há nessa exposição e reserve um tempo para voltar à fonte e fazer quaisquer perguntas para esclarecimento. O tempo gasto nesse estágio inicial para esclarecer as necessidades comerciais é um tempo bem empregado.

- **Situação.** É a situação comercial que necessita de seu projeto. "Enquadre" o trabalho da situação de maneira tal que todos os envolvidos no projeto possam entendê-lo no contexto do projeto e das metas da empresa. Para tanto você pode utilizar, por exemplo, uma declaração simples, como "Com a grande quantidade de PCs vendidos na Alemanha, existe uma oportunidade de abrir um *shopping on-line*". Pode utilizar também o resultado de uma análise comercial recomendando ações específicas, como "Iniciar uma presença de varejo on-line em alemão, como parte de nossa expansão para a Europa". De qualquer modo, a situação precisa ser a mais clara e inequívoca possível. O estímulo para a declaração da situação pode vir de muitas fontes, como uma decisão política ou uma análise da situação econômica, mas precisa ser breve, objetiva e clara para todos.
- **Problema (ou oportunidade).** Qual o problema que a empresa está enfrentando ou quais oportunidades existem que o projeto pretende explorar? Essas perguntas permitem que as pessoas sejam mais flexíveis e agreguem valor ao projeto conforme ele avance. O problema poderia ser uma declaração como "Não estamos explorando nosso *site* para fins de venda" ou, reformulado como uma oportunidade, "Desenvolver o *site* para maximizar as oportunidades de venda *on-line* europeias". Obviamente, o problema ou a oportunidade está relacionado com a declaração da situação.
- **Riscos.** São os riscos de *não* fazer o projeto. Não confunda esses riscos com os riscos do projeto propriamente dito, os quais serão tratados posteriormente. Não alardeie demais os riscos, senão a credibilidade do projeto será colocada em jogo, mas demonstre que, se a empresa não fizer algo em relação ao problema ou à oportunidade, possivelmente haverá ramificações adversas. Isso poderia ser tão simples quanto dizer "As equipes de vendas europeias ficarão desmotivadas e perderão os possíveis bônus se não fornecermos ferramentas de compras *on-line* a seus clientes".

- **Impacto.** Qual será o impacto medido no desempenho do resultado financeiro da empresa? Essa é uma avaliação quantitativa do problema e dos riscos. Algumas pessoas precisam de valores para ajudá-las a entender os problemas, enquanto outras podem ser mais influenciadas por argumentos emocionais. Por exemplo, "Em nosso setor, está previsto um crescimento de € 20 milhões nas compras *on-line* na Alemanha, para os próximos três anos. Isso equivale a 30% de nossa meta de crescimento inteira".
- **Necessidades.** Com base em uma avaliação dos problemas enfrentados pela empresa, qual é a necessidade ou requisito? Qual é o objetivo do projeto? As respostas a essas duas perguntas devem estar diretamente vinculadas aos objetivos do projeto. Por exemplo: "Aumentar nossa oferta de comércio eletrônico *on-line* no mercado de idioma alemão e apoiar a expansão na Europa com novos *sites* e portais".
- **Cronograma.** Quais são os prazos finais para satisfazer as necessidades? Isso deve estar vinculado à *declaração do projeto* e, posteriormente, aos objetivos. A declaração do projeto consiste de uma única frase definindo o que o projeto irá apresentar, quando e dentro de qual orçamento ou de quais custos. Por exemplo, "Nossa subsidiária alemã precisa ter uma presença *on-line* europeia antes do fim do exercício, criada dentro de um orçamento de € 200.000".

Talvez seja impossível reunir todas as informações SPRINT de uma só vez – por exemplo, em uma reunião com todos os patrocinadores e a equipe de projeto. Na realidade, você provavelmente as obterá no decorrer do tempo, em reuniões menores, antes que o projeto incide de fato. Se isso não for viável, você sempre poderá atribuir o que está faltando na declaração de projeto a outros membros graduados do projeto e, então, concluí-la posteriormente.

2 Objetivos do projeto Definindo objetivos claros

Os ingredientes fundamentais para o sucesso no gerenciamento de projetos incluem objetivos definidos e consensuais, uma equipe comprometida e um plano de ação viável e flexível. Para atingir seus objetivos, certifique-se de que esses fundamentos estejam em vigor. Uma vez que você tenha comunicado a visão ao patrocinador e à equipe, talvez utilizando um projeto SPRINT, é hora de definir objetivos claros. Os objetivos existem para medir o progresso e, em última análise, o sucesso do projeto, bem como para apoiar quaisquer decisões de Prosseguir/Não prosseguir.

Nem todos os projetos têm uma "declaração da visão", mas se o seu projeto a possui, você deve usar isso como base para explicar o que o projeto irá fazer. Há sempre um grau de interpretação em uma declaração da visão, de modo que os objetivos de projeto sempre devem ser verificados com o patrocinador do projeto e com os principais interessados, para que se possa obter um consenso antes do início da implementação. A visão deve refletir, ente outras coisas, a importância relativa do tempo, do custo e do desempenho dentro de seu projeto. Por exemplo, o "tempo de colocação no mercado" poderia ser o principal determinante, mesmo com sacrifício da funcionalidade ou do custo do produto – "Ter o *software* disponível até o final do próximo trimestre" pode ser mais importante do que "Ter cinco novas funções disponíveis dentro de um orçamento de £ 200.000".

Como você garante que os objetivos do projeto sejam claros e válidos?

- **Liste os objetivos que você deseja alcançar ou que tenha retirado da declaração da visão.**
- **Tente não listar uma atividade, e sim um objetivo.** Por exemplo, "Concluir um piloto" não responde à pergunta "Por quê?" Em vez disso, "Concluir um piloto para demonstrar que o projeto obterá o impacto comercial planejado com risco mínimo de prejudicar o mercado" é um objetivo, e não uma ação.
- **Tente tornar os objetivos mensuráveis.** Se estiver tendo dificuldade com isso, pergunte-se: "Como saberemos que atingimos esse objetivo?"
- **Os objetivos provavelmente serão debatidos por várias pessoas.** Portanto, utilize-as como "testas de ferro" para discutir com os principais interessados em que consiste o projeto e quais devem ser os objetivos.

Tornando os objetivos SMART

SMART é um acrônimo (do inglês *specific, measurable, agreed, realistic* e *time bound* – respectivamente, específico, mensurável, consensual, realista e com duração limitada) que se tornou muito popular entre as pessoas que desejam definir objetivos claros. Contudo, embora muitos saibam o que esse acrônimo (ou suas variantes) significa, poucos compreendem realmente o que se pretende com os objetivos em questão. Aqui, definimos o acrônimo SMART como:

- **Específico.** O que significa específico quando se trata de definir objetivos? Para muitos, significa separar vários objetivos em metas individuais, tornando-as detalhadas e claras. Vincular os objetivos à necessidade comercial também garante que eles sejam específicos.
- **Mensurável.** Atribuir um valor a algo o torna mais fácil de medir, mas isso causa alguns problemas para o gerente de projeto. Geralmente, a maioria dos objetivos é de natureza quantitativa ou qualitativa. Os objetivos que medem tempo, custo e resultados tendem a ser quantitativos e, portanto, não subjetivos. Normalmente existe uma interpretação comum para esses tipos de objetivo e para o modo como eles são medidos (a métrica). Contudo, surge um problema quando elementos qualitativos e subjetivos são incluídos nos objetivos. Nesse caso, é preciso haver uma interpretação comum das qualidades que esses objetivos estão tentando medir e de como medi-las. O estudo da gestão da qualidade gerou muitos meios de "medir" a qualidade, mas para o gerente de projeto novato a regra parece ser esta: obtenha antecipadamente uma interpretação comum do que se quer dizer com "qualidade". Se o projeto exige que um objetivo esteja relacionado a algo difícil de calcular – por exemplo, felicidade, facilidade de uso ou motivação –, pergunte aos interessados por que essas qualidades são importantes e como eles saberiam dizer, no fim do projeto, se elas foram alcançadas.

Alguns gerentes insistem categoricamente em que, se um objetivo não pode ser medido, então ele não tem lugar como objetivo de projeto – de fato, não é um "objetivo". Outros apontam para o fato de que nem todos os projetos são tão predeterminados assim, e que certa subjetividade precisa fazer parte do projeto para agregar valor. A armadilha em que ambos os proponentes podem cair é acabar passando mais tempo do que seria razoável estabelecendo uma maneira de medir os objetivos e o desempenho – e, ironicamente, acabar reduzindo o valor real do projeto.

- **Consensual.** Um prerrequisito fundamental para dar um foco à equipe e fazê-la cooperar é estabelecer um objetivo consensual. Portanto, na maioria das variantes do acrônimo SMART, "consensual" tem um papel importante a desempenhar. Isso exige que os objetivos sejam entendidos por todos os interessados, após certo grau de discussão e debate. Em última análise, todos os envolvidos devem concordar com os objetivos, de modo a se obter o total comprometimento das pessoas e recursos que integram a equipe e de outros interessados de fora.
- **Realista.** Para que um projeto seja possível, os objetivos devem ser realistas. Mas como você sabe que algo é realista ou não? Para a maioria dos gerentes de projeto, algo é realista quando o que se segue é levado em consideração. Somente quando você tiver avaliado todos os fatores a seguir e verificado que são positivos é que o objetivo poderá ser considerado "realista":

    1. Tempo – há tempo suficiente para realizar o projeto?
    2. Recursos – há orçamento e recursos (incluindo as habilidades e o conhecimento necessários) para fazer o trabalho?
    3. Outros compromissos – com o que mais os gerentes de projeto e os principais recursos estão comprometidos?

- **Duração limitada.** Para motivar o desempenho, todos os objetivos devem ter um prazo final associado. Isso deve estar vinculado aos outros elementos SMART e também à declaração do projeto. Por exemplo, um fabricante de ponta do setor de eletrodomésticos do Reino Unido, com mais de 10% de sua força de trabalho dedicada ao desenvolvimento de projetos baseados em sua estratégia de limpeza patenteada, em sete anos só foi capaz de trazer para o mercado um único novo produto. Apesar de ter conseguido produzir mais de 28 variações de sua tecnologia e de seus produtos existentes, tais variações eram sempre vistas como "farinha do mesmo saco". Ao se analisar por que isso acontecia, descobriu-se que o fundador e diretor-executivo da empresa era incapaz de deixar de reformular os objetivos técnicos dos projetos em andamento, com o que o "aumento de escopo" tornou-se quase endêmico. Um projeto ruim deve ser interrompido assim que possível, mas é um crime quase equivalente a mudar continuamente as metas de um bom projeto na insistente tentativa de tornar as coisas melhores.

Existem muitas outras maneiras de estabelecer, classificar e detalhar objetivos de projeto, bem como muitos debates, por exemplo, sobre o número de objetivos que um projeto deve ter. Contudo, para o gerente de projeto que utiliza a Via Expressa, a ferramenta SMART pode dar uma boa base para o projeto. O tempo gasto na obtenção dos objetivos corretos é proveitoso e beneficiará o gerente no final do projeto.

> Dica
>
> **Dica rápida Objetivos**
>
> Peça a colegas que leiam e examinem seus objetivos de projeto e não tenha medo de voltar aos interessados ou ao comitê de análise de projetos e questioná-los honestamente.

3 Interessados Análise do interessado

Conversando com gerentes de projeto sobre muitas "histórias de guerra" de projeto, sempre ficamos surpresos quando a questão da "política de escritório" reaparece, com um projeto sendo "cancelado" porque alguém "não gostava dele" ou ia "contra seus interesses". Após muitos anos ouvindo isso, nos perguntamos se haveria algo que um gerente de projeto pudesse fazer para anular o risco de um projeto entrar em conflito com o "direito adquirido" dentro de uma empresa. A análise do interessado era a resposta.

Análise do interessado é um nome que pode ser atribuído a uma série de técnicas cujo objetivo é conhecer os principais atores envolvidos no ambiente empresarial e sua atitude para com seu projeto. Tradicionalmente, sempre consideramos os interessados como sendo positivos ou benignos em relação aos projetos. Contudo, trabalhar com a NHS mostrou a Simon como nem todos os interessados podem ser considerados positivos e, assim, providências precisam ser tomadas com bastante antecedência para se conhecer os interessados "negativos" e fazer algo a esse respeito.

Dica rápida Interessados

Aproveite cada oportunidade para construir uma boa relação com seus principais interessados, mediante uma boa comunicação e relatórios regulares. Esses *stakeholders* têm a chave do sucesso e podem facilitar sua vida.

A tabela a seguir é uma maneira simples e direta de avaliar as atitudes dos principais interessados para com seu projeto.

Nome	Cargo	Poder (alto/ médio/ baixo)	Apoio (–5 a +5)	*Status* VmAVd	Ações
Ian Smitt	Diretor financeiro	Alto	–5	Vm	Reúna-se com ele o mais breve possível, para entender as implicações financeiras do projeto. Tente avaliar as preocupações orçamentárias e obter o envolvimento do diretor-geral para ajudar nessa área
Toni Ring	Diretor-geral	Alto	+5	Vd	Utilize-o para envolver a equipe da alta direção o mais breve possível no processo de planejamento e converse individualmente com o diretor financeiro para concentrar-se nas implicações financeiras do projeto
Gill Mance	Diretor de TI	Médio	0	A	Poderia ser útil envolvê-lo, especialmente para influenciar os fornecedores e os contratados. Necessário para aumentar o apoio ao projeto
Sam Bruce	Presidente	Alto	+1	A	Positivo em termos gerais, mas será necessário mais apoio, caso os aspectos de longo prazo do projeto precisem ser protegidos e os benefícios vendidos ao restante do grupo

Nome	Cargo	Poder (alto/ médio/ baixo)	Apoio (–5 a +5)	*Status* VmAVd	Ações
Kath Williams	Gerente de compras e da cadeia de suprimentos	Baixo	–2	Vm	Precisa compreender os benefícios de longo prazo do projeto, e seu medo de redundâncias deve ser eliminado. Precisa estar envolvida nos objetivos detalhados e no planejamento de benefícios

Na primeira coluna, você nomeia os principais interessados e, na segunda, seu respectivo cargo ou departamento. A seguir, você precisa avaliar quanta influência ou "poder" a pessoa exerce dentro da empresa e sobre seu projeto em particular. Nesse exemplo, classificamos o poder como alto, médio ou baixo, mas você pode classificá-lo usando uma pontução de 1 a 10.

Na coluna seguinte, você precisa medir o apoio desses *stakeholders* ao projeto e seus objetivos. Com apoio não queremos dizer necessariamente algo positivo. A classificação do apoio parte de –5 (isto é, absolutamente contrário a seu projeto, seus objetivos e provavelmente também contrário a você, como gerente de projeto), passa por 0 (isto é, neutro quanto ao projeto, sem grandes sentimentos pendendo para algum lado) e vai até +5 (isto é, partidário e entusiasta absoluto de seu projeto e do que ele fará).

A coluna "*Status*" resume os eixos de poder/apoio e destaca as áreas em vermelho que exigem ação imediata ou planejamento cuidadoso em relação ao modo como a pessoa deve ser abordada. A coluna "Ações" lista especificamente o que precisa acontecer e como abordar uma pessoa. Esse é o principal elemento da matriz – não as classificações de poder e apoio relativas, mas o que você, como gerente de projeto, e sua equipe básica vão fazer a respeito dos principais interessados que gozam de alta influência e estão fazendo forte oposição a seu projeto.

Como utilizar a análise de *stakeholders*

Em uma palavra – prudentemente. Esse é um dos poucos documentos que devem ser rigorosamente protegidos e restritos apenas à equipe principal de projeto. Como estamos lidando aqui com atitudes e sentimentos individuais, a análise de *stakeholders* deve ser tratada com muito cuidado e pensada com antecedência. Algumas pessoas preferem suprimir os nomes da matriz e colocar letras em seu lugar, para tornar a técnica anônima.

Um fabricante industrial francês com quem trabalhamos certa vez recusou-se até mesmo a pensar em usar essa análise, porque foi considerada "politicamente sensível" em sua cultura. A ironia é que a política nessa empresa era responsável por atrasar e interromper muitos projetos, mas não era aceitável sentar-se e avaliar por que e quem era responsável por isso.

Faça a análise de *stakeholders* logo no início do projeto, enquanto estiver formulando e discutindo os objetivos. Ela deve vincular-se ao plano de comunicação e considerar como os *stakeholders* são mantidos informados sobre o andamento do projeto. Não há garantia de que, usando essa ferramenta, seu projeto nunca vá entrar em atrito por causa de intrigas e manipulação, mas utilizando-a, você melhora a comunicação de seu projeto e o personaliza. Basicamente, você está tentando antecipar-se à oposição, avaliar os riscos que tal oposição apresenta e reduzi-los.

Um banco da Costa Leste do Estados Unidos estava trabalhando em um novo produto de operações bancárias via Internet. A equipe de projeto fora montada havia três meses, e uma quantidade razoável de recursos financeiros tinha sido investida no projeto até aquele momento. Durante uma teleconferência do projeto, promovida por Patrick, um dos participantes declarou que o projeto teria de ser "enlatado". Ao ser indagado pelos demais membros da equipe sobre o motivo da medida, o participante respondeu enigmaticamente: "Sugiro que vocês verifiquem meu título no catálogo telefônico da empresa!" Ele era o vice-presidente de segurança na Internet, mas aquela era a primeira vez que havia sido convidado para uma reunião de projeto. Se o gerente de projeto e a equipe tivessem examinado quem exercia influência e poder sobre as coisas relacionadas à Internet, teriam economizado meses de trabalho ou pelo menos envolvido um dos principais atores logo no início, para salvar o projeto. Nunca ficou totalmente claro se seus objetivos eram realmente técnicos ou pessoais, mas de qualquer forma o projeto foi enlatado.

4 Plano de trabalho e cronogramas Caminho crítico

Uma das poucas ferramentas e técnicas fundamentais para um gerente de projeto que esteja procurando reduzir ou "digerir" o plano de projeto é a análise do caminho crítico. Contudo, embora ela seja mencionada com frequência, nem sempre é completamente entendida. Muitos gerentes sabem criar o caminho crítico dentro de um projeto, mas não percebem totalmente os benefícios dessa técnica e o que ela pode fazer por eles.

Na fase de planejamento de um projeto, nem todas as atividades podem ou precisam começar ao mesmo tempo, de modo a cumprir a data de conclusão planejada do projeto. Algumas atividades serão fundamentais para concluir o projeto no prazo; se elas atrasarem uma semana, o projeto inteiro atrasará uma semana. Os planejadores e gerentes de projeto utilizam a análise do caminho crítico para identificar essas atividades.

O que é caminho crítico e como eu o calculo?

O caminho crítico é a rota de atividade na rede que mostra o tempo mínimo necessário para concluir o projeto. Um *software* torna muito mais fácil fazer os cálculos, mas entender os fundamentos para calcular o caminho crítico pode realmente ajudar o gerente de projeto e os principais *stakeholders*. Algumas técnicas básicas permitirão calcular manualmente e entender o caminho crítico e seu valor para você e para o projeto. (Veja também a página 191 no *Kit* de ferramentas do diretor.)

1 **Faça uma lista de todas as atividades exigidas para concluir o projeto.** Veja como elas se relacionam.
2 **Decida quais atividades precisam começar imediatamente ou primeiro, quais vêm em seguida e, então, percorra todas as tarefas até o final da lista.**
3 **Como algumas atividades podem ocorrer em paralelo, crie um diagrama de rede.** Esse diagrama mostra o relacionamento entre as atividades e suas dependências. O diagrama pode ser simples ou complexo, de acordo com o número de atividades existentes e com o número de "caminhos" através do projeto. Se você não está familiarizado com os diagramas de rede, não subestime o poder dos *post-its* no planejamento. Escreva uma atividade em cada *post-it* e, então, usando uma superfície

plana, disponha todos eles em uma sequência ou ordem lógica, lembrando-se de que algumas tarefas podem ser realizadas em paralelo. Pode ser algo parecido com o diagrama a seguir. A figura mostra um plano de projeto para determinar, projetar e ministrar um curso de treinamento. O caminho crítico está marcado em vermelho.

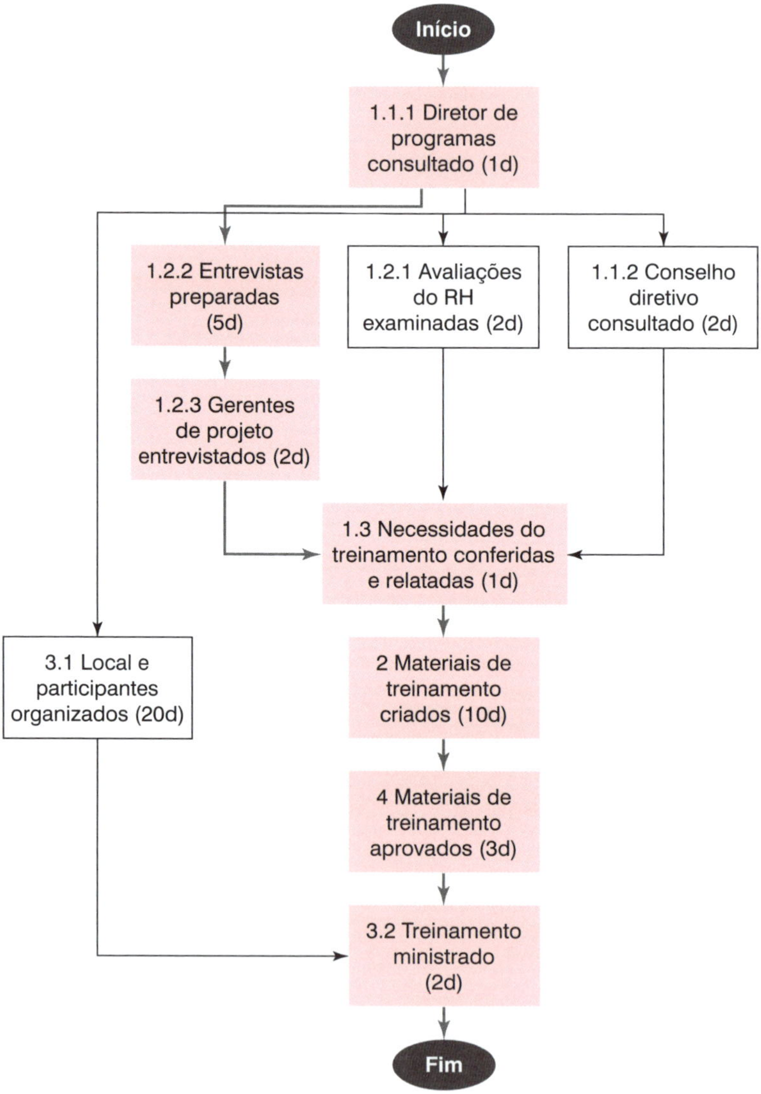

4 **Indique a duração de cada tarefa e calcule o tempo total necessário para concluir cada rota ("caminho") através da rede.** A rota mais longa é conhecida como caminho crítico, que mostra a menor duração possível para o projeto.

E aí? O que o caminho crítico faz por mim?

Uma vez que você conheça o caminho crítico, poderá compreender muitos outros elementos do planejamento de seu projeto e os recursos exigidos. Você poderá:

- calcular as datas de início e fim do projeto (adicione a data de início à duração total do caminho crítico e você terá a data de término; ou, se preferir, tome o prazo final do projeto e subtraia a duração total do caminho crítico para gerar a data de início – normalmente esse é o ponto em que você descobre se deveria ter começado uma semana antes);
- usar o diagrama de rede a fim de descobrir oportunidades para reduzir a programação do projeto, identificando onde pode cortar tempos de tarefa nas atividades do caminho crítico;
- usar os recursos sensatamente, entendendo que as tarefas que não estão no caminho crítico têm algum "tempo de folga" e que alocar recursos a essas tarefas para reduzir a duração global do projeto não funcionará;
- entender o progresso do projeto, monitorando com atenção as tarefas que estão no caminho crítico, pois atrasos nessas tarefas retardarão o projeto inteiro;
- agendar tarefas que não estejam no caminho crítico e atrasá-las ou avançá-las de acordo com o progresso;
- personalizar seu diário de projeto para garantir que esteja supervisionando prioritariamente as tarefas que estão no caminho crítico, em vez de perder tempo com tarefas de menor importância.

Não raro nos surpreendemos ao ver como altos gerentes inteligentes parecem pensar que despejar recursos em um projeto trará resultados mais rápidos. Muitas vezes, recursos, sangue, suor e lágrimas são gastos em tarefas que não estão no caminho crítico. Apesar disso, a administração ainda acredita que acelerar essas tarefas individuais beneficiará o projeto inteiro. Uma explicação simples do caminho crítico e de como ele funciona, e a compreensão do conceito de "tempo de folga" frequentemente são tudo de que os altos gerentes precisam para ter uma visão mais abalizada da alocação de recursos para acelerar projetos.

5 Problemas e riscos Planejando contingências

Todos os planos bem construídos têm pelo menos uma coisa em comum – todos encontram circunstâncias inesperadas e inconstantes. Só porque você agendou as atividades não quer dizer que elas correrão de acordo com o planejado. Por essa razão, os bons gerentes de projeto devem aplicar alguns princípios básicos de gestão de riscos em seus projetos e planos.

Não é possível, contudo, antecipar-se a toda eventualidade que poderia prejudicar o projeto. Logo, é uma boa prática a equipe principal de projeto considerar o que fará caso certas ameaças se tornem realidade, de modo a minimizar seu impacto. Nisso consiste, essencialmente, o planejamento de contingência. Existem várias ferramentas e técnicas complexas de gestão de riscos que podem ser empregadas pelo gerente de projeto atualmente. Contudo, o que realmente pode ajudar é a compreensão dos fundamentos.

Os planos de contingência existem para tratar dos efeitos de um risco tão logo ele se torne realidade. Não servem para minimizar a chance ou a probabilidade de que algo aconteça, mas antes para reduzir seus efeitos. Talvez você nunca os utilize, mas pode ser necessário fazê-lo; portanto, planeje-os antecipadamente. Trata-se de uma medida tão simples quanto decidir levar um guarda-chuva. Se você for fazer um passeio, convém levar consigo um guarda-chuva, para o caso de chover. Ele não terá nenhuma utilidade quando você já estiver se molhando e desejando tê-lo trazido consigo ao sair de casa. Por outro lado, é possível que você nunca precise do guarda-chuva; portanto, tê-lo pode parecer uma carga ou um custo desnecessário.

Como crio um plano de contingência?

Os planos de contingência devem fazer parte de uma estratégia de gestão de riscos completa, incluindo avaliações de riscos e ações preventivas. Contudo, como uma ferramenta básica e rápida, experimente o seguinte processo:

1 Discuta regularmente com a equipe principal as ameaças ao plano de projeto, priorizando e decidindo quais ameaças precisam de mais atenção.
2 Seja específico, concentre-se nos principais riscos e reflita, talvez com especialistas no assunto, os possíveis efeitos de um risco, caso ele ocorra.
3 Crie um plano de contingência formal e estime seu custo junto a quem fornece os recursos necessários.
4 Estabeleça um 'gatilho' formal com quem for responsável pelo plano de contingência. O gatilho é uma ação, evento ou data em que o plano de contingência é posto em ação. Todos os envolvidos devem saber qual é esse gatilho, pois sem ele o plano de contingência é inútil e se torna um desperdício de recursos.
5 Documente o plano de contingência e os gatilhos e mantenha-os junto com a documentação do projeto. Essa informação alimentará seu próximo projeto e ajudará no planejamento de futuras estratégias de gestão de riscos. O plano e os gatilhos devem fazer parte de seu registro de riscos.

Dica

Dica rápida Viabilidade

Verifique a viabilidade: certifique-se de que você não esteja empreendendo uma tarefa que não pode ser executada. Examine os objetivos extensamente, com antecedência.

Lembre-se de que quanto mais interessados estiverem envolvidos no planejamento de contingências, melhor será o plano. Se for grande a probabilidade de que o plano de contingência tenha de ser posto em prática, então decomponha-o antecipadamente no plano de projeto, para que se torne parte do plano. O tempo gasto na validação do plano e na preparação antecipada de problemas raramente é desperdiçado. Como gerente de projeto, você deve conferir o plano de contingência inteiro, antes de começar a implementar o projeto.

Do ponto de vista pessoal, temos retirado o planejamento de contingência de projetos e o colocado nas atividades diárias. Frequentemente, ao viajarmos pelo mundo para eventos, conferências e treinamentos, nos damos conta de que as companhias aéreas e os aeroportos parecem ter adotado o hábito cada vez mais frequente de perder bagagens. Assim, adotamos agora o planejamento de contingência a ponto de quase esperarmos que a bagagem se atrase ou se perca pelo caminho. Portanto, ao enviarmos materiais, panfletos, livros, etc., sempre mantemos um conjunto de tudo conosco e de toda a papelada em *pen drives* de dados que penduramos no pescoço. Se um de nós chegarmos ao destino e, constatarmos que os materiais não chegaram lá, se pelo menos pudermos arranjar uma fotocopiadora ou um PC e uma impressora, poderemos fazer algumas cópias básicas para dar início a tudo.

Se essa mentalidade, reconhecidamente bastante pessimista, fosse empregada por todos os gerentes de projeto, haveria muito menos surpresas nos projetos?

6 A equipe Escolha da equipe

Lembre-se de que são as pessoas que tornam os projetos bem-sucedidos, e não *softwares* ou sistemas. De modo que, todo gerente de projeto desejará escolher as melhores pessoas para o trabalho e utilizá-las eficientemente. Contudo, muitos gerentes acham que têm pouca liberdade quando se trata de escolher os membros de suas equipes principais de projeto – eles têm um grupo limitado à disposição e há muito pouca escolha. Além disso, muitos deles acham que não contam com pessoas suficientes para preencher cargos especializados do projeto e que várias delas terão funções duplas.

A despeito dessas limitações, é interessante examinar as técnicas que poderiam ajudá-lo como gerente de projeto na área da escolha da equipe. Monte sua equipe com cuidado, pois isso será crucial para o projeto. Quando tiver encontrado a pessoa com as habilidades apropriadas, pergunte-se:

- Conheço essa pessoa bem o suficiente para confiar nela?
- Poderei trabalhar com ela confortavelmente?
- Será que ela vai se entender com os outros membros da equipe?
- Ela possui as habilidades necessárias ou precisará de algum treinamento?

Habilidades técnicas *versus* habilidades pessoais

Pense em um projeto muito bem-sucedido de que você fez parte no passado (ora, vamos, deve haver um!). A seguir, pense no gerente de projeto desse projeto bem-sucedido e liste as habilidades e talentos desse gerente e como contribuíram diretamente para o sucesso do projeto. Quando tiver isso anotado, divida as habilidades e talentos em dois tipos – aqueles de natureza técnica (por exemplo, habilidades de planejamento, conhecimento do conteúdo do projeto, habilidades em gestão de riscos) e aqueles de natureza interpessoal (por exemplo, bom motivador, boas habilidades de comunicação, empatia, excelentes habilidades de delegação). Você deverá verificar que o gerente de projeto eficiente possui uma combinação dos dois tipos de habilidade – técnica e interpessoal.

É sabido que as pessoas tendem a recrutar de acordo com sua própria imagem. Recrutamos aqueles com quem nos sentimos mais à vontade em termos de atitude e ponto de vista, assim como de experiência. Mas nisso reside um problema para os gerentes de projeto, ao criarem uma equipe de projeto principal. As pessoas podem ter as habilidades técnicas necessárias para o trabalho, mas se todos forem técnicos por natureza ou treinamento, há o risco de a equipe não ter muitas habilidades interpessoais (*people skills*), e vice-versa.

Avalie as habilidades dos membros de sua equipe principal. São eles todos gênios técnicos, mas não se sentem à vontade falando com as pessoas e ouvindo suas ideias, ou são o oposto – excelentes em matéria de empatia, mas com pouco ou nenhum conhecimento do conteúdo do projeto a ser realizado e nenhuma habilidade de planejamento? Sendo esse o caso, então você precisa procurar o equilíbrio. Comece recrutando para sua equipe pessoas cujas habilidades e, o mais importante, cujos talentos complementem os seus, em vez de duplicá-los.

Funções-chave da equipe

Para a composição de qualquer equipe, você precisa procurar pessoas que desempenhem tanto uma função na equipe quanto seu trabalho normal. Para operar eficientemente, você, como chefe de equipe e gerente de projeto, desejará alguém para desempenhar as seguintes funções:

- **Coordenador/administrador.** Alguém que reúna o trabalho da equipe como um todo e mantenha todos os bancos de dados de papelada/TI atualizados.

- **Crítico.** O guardião e analista da efetividade da equipe, responsável por desafiar as pessoas quando os padrões e a qualidade caírem.
- **Idealizador.** Alguém que inove e procure novas maneiras de fazer as coisas e possíveis atalhos.
- **Implementador.** Uma pessoa que garanta que as ações e decisões da equipe sejam postas em vigor e sejam transparentes.
- **Contato externo.** Alguém que supervisione os contatos externos e as relações com terceiros.
- **Inspetor.** O guru da qualidade, cuja atribuição é garantir que um projeto tenha alta qualidade o tempo todo e que a equipe trabalhe com altos padrões. O inspetor deve sempre procurar estabelecer novos padrões e maneiras de trabalhar que elevem esses padrões. Em contraste com o crítico, o inspetor deve sempre citar alternativas e opções.
- **Especialista.** O especialista técnico necessário para certas partes do projeto ou para análises detalhadas. Pode haver mais de um.

Ao nomear pessoas para a equipe, verifique cada uma dessas funções, de modo a garantir que alguém na equipe preste esse tipo de contribuição. Você pode ou não discutir essa função com os membros da equipe, dependendo das circunstâncias (e da política).

Monte uma equipe que saiba tirar proveito das habilidades de cada pessoa e evite o impacto de seus pontos fracos. Lembre-se, especialmente se estiver envolvido em projetos para terceiros ou clientes externos, de que você deve perguntar aos poteciais membros da equipe se eles se identificam com as metas e objetivos do projeto. Não é necessário que concordem inteiramente com todos esses objetivos, mas devem ao menos sentir-se à vontade com o motivo pelo qual a empresa precisa atingi-los.

Estamos cada vez mais cientes de que o tempo de serviço e a descrição do cargo nem sempre determinam a competência e que, ao se formar uma equipe, a atitude e a confiança contam muito. Em uma instituição bancária de Londres, uma série de tarefas integrantes de um projeto maior exigia reunir informações de vários diretores e altos gerentes, os quais tinham a reputação de ser um tanto lentos no cumprimento de prazos finais que não consideravam prioridades pessoais. Com isso em mente, incluímos na equipe de projeto alguns assistentes pessoais, um dos quais tinha a reputação de ser um

Rottweiler em se tratando de realizar o trabalho. Ela considerava um insulto à sua integridade profissional a possibilidade de as tarefas que lhe fossem designadas atrasarem – independentemente de quem fosse a pessoa envolvida. Muitos dos diretores e gerentes envolvidos a conheciam e estavam ansiosos para não cruzar com ela. Em matéria de execução, ela era excelente. Não era o membro mais graduado da equipe nem possuía habilidades técnicas para as tarefas específicas. Apesar disso, era tenaz, e as pessoas temiam não realizar o trabalho dela dentro do prazo. Com efeito, essa assistente era o melhor membro da equipe para essa parte do projeto.

7 Decisões críticas

Tomando decisões como uma equipe

Seja na fase de planejamento ou de implementação de seu projeto, a qualidade da tomada de decisão é crucial. Gerentes de projeto iniciantes talvez queiram envolver os membros da equipe na tomada de decisões importantes, mas isso pode levar a muitas dificuldades. O uso de um processo de tomada de decisão soluciona tais problemas. Utilizar um processo formal pode parecer exagerado no início e dar a impressão de que será muito demorado, mas sua velocidade aumentará com a experiência. O mais importante é que um processo consultivo de qualidade o ajudará a tomar a decisão correta. A vantagem secundária é que as pessoas executam as decisões com mais vontade quando sentem que fizeram parte do processo de tomada de decisão.

Assim, usar um processo lógico é o segredo das boas decisões em equipe. O único possível inconveniente, fora o problema do tempo, é que às vezes existe o risco do 'pensamento do grupo', em que todos os envolvidos propõem uma resposta ou recomendação semelhante, justo quando você queria que pensassem de forma diferente e mais ampla.

O processo de tomada de decisão

Eis um processo simples de tomada de decisão em equipe.

1 **Primeiro, a equipe deve concordar com os critérios para avaliar uma decisão ou um procedimento.** Peça aos membros da equipe para pensar em qual seria uma solução ideal, usando perguntas como "Que be-

nefícios devemos buscar em uma solução?" ou "O que a solução deve fazer por nós?" Essa lista de critérios pode oferecer a você e à equipe uma maneira de filtrar opções e comparar as alternativas.

2 **O próximo estágio é identificar quais critérios são os mais importantes.** Você está procurando critérios essenciais para julgar uma opção alternativa – o padrão mínimo.

3 **Agora, avalie todas as opções disponíveis em relação ao ideal fixado para cada critério.** Isso parece fácil, mas na verdade avaliar as decisões possíveis eficientemente exige criatividade.

4 **Continue esse processo de medida e avaliações até que uma opção se destaque.** Estimule o debate e a discussão nesse estágio, pois você precisa da contribuição de todos os envolvidos.

5 **Examine essa opção "final" – quais são os riscos em torno dessa alternativa e qual seu peso em relação aos benefícios em potencial?** Se os riscos forem aceitáveis e a opção satisfizer os objetivos da tomada de decisão, então faça isso. É sua decisão mais ponderada.

Como exemplo, na fase de planejamento de um projeto, as equipes frequentemente têm de decidir quais fornecedores ou contratados irão usar. Estabelecer critérios claros para realizar essas escolhas proporcionará um bom começo para a equipe. Liste esses critérios claramente – por exemplo, "Terá o número necessário de pessoas no local dentro de uma semana" ou "Pode concluir as tarefas dentro do orçamento de £ 20.000". Saber quais critérios são os mais importantes – custo, velocidade, qualidade ou uma combinação de outros fatores – é fundamental para ajudar uma equipe a chegar a uma decisão rápida. Então, você poderá medir o desempenho dos possíveis fornecedores em relação a esses critérios, para limitar as opções disponíveis. Continue a discutir as opções, refinando-as à medida que progredir nos critérios e padrões exigidos. Isso revelará a melhor opção, e você precisará rapidamente examinar os riscos que tal decisão poderia envolver. Ao final do processo, você deverá ter não apenas a melhor decisão, mas também a concordância da equipe em relação à ela e seu comprometimento com seu papel na implementação.

Em muitos projetos, uma vez tomada a decisão e feita a escolha, os motivos por trás disso não raro são perdidos. Em contrapartida, em uma organização de aprendizagem, os critérios da tomada de decisão são frequentemente mantidos como um guia para as futuras equipes.

Nesse estágio, talvez você queira que um crítico de objetivos que não faça parte da equipe principal de projeto examine sua decisão antes da implementação – atuando como uma 'verificação' final. Isso é importante, pois, como gerente de projeto, a responsabilidade final é sua. Aqui está um atalho de verificação que valida a escolha, usando o acrônimo SAFE (do inglês *suitable, acceptable, feasible* e *enduring* – respectivamente, conveniente, aceitável, viável e durável):

- **Conveniente.** A decisão é realmente a mais conveniente, dado o estado atual do projeto?
- **Aceitável.** A decisão é aceitável para todos os principais interessados no projeto – e não apenas para os envolvidos na tomada da decisão?
- **Viável.** A implementação da decisão será prática e viável, dados o tempo, os recursos e as habilidades disponíveis?
- **Duradoura.** A solução ou o procedimento decidido durará até o final do projeto e a longo prazo, ou é apenas uma solução de curto prazo?

Dica

Dica rápida Objetivos

Certifique-se de que seus objetivos sejam mensuráveis. Use objetivos SMART sempre que possível (consulte a página 41).

8 Recursos e orçamento
Criando um orçamento de projeto

Quando se trata de finanças e orçamento, muitas pessoas – particularmente gerentes de projeto técnicos – começam a se preocupar. Não é seu terreno natural fixar os custos de um projeto; porém, até que você crie um orçamento de projeto completo, não há como calcular se o projeto irá gerar um retorno sobre o investimento (ROI) positivo. É improvável que um projeto receba autorização para seguir em frente sem uma ideia precisa e detalhada dos custos, embora as pessoas pareçam pensar que podem deixar de lado o planejamento financeiro. O que você precisa é de uma ferramenta básica para calcular os custos de um projeto – a **matriz de recursos**.

Trata-se de um documento que mostra de quais recursos você precisará e quanto custarão ou poderiam custar. Esse documento é também a base para se obter o comprometimento de todos os *stakeholders* e gerentes que fornecerão os recursos necessários. Crie uma matriz mostrando todas as atividades que integram o projeto e os recursos necessários, decompostas por tipo, quantidade exigida e custo. Os cabeçalhos dessa matriz devem ser relevantes para seu projeto. Inclua uma coluna "especial" para registrar e determinar o custo de todos os recursos que são exclusivos ou altamente dispendiosos para seu projeto, ou que podem ter um tempo de processamento longo. Avaliar seu custo separadamente é uma maneira de destacar seu valor para o projeto.

A seguir é apresentado um exemplo simples de parte de um pequeno projeto para a produção de materiais de *marketing*, destacando alguns dos recursos e pessoas envolvidos em tarefas específicas.

Tarefa	Mat. de consumo padrão	Equip.	Materiais gráficos	Instalações	Especial	Total
1.1	Papel de plotadora A0 € 500/ resma 2 resmas = € 1.000	Licença de *software* de CAD € 4.000			Tinta para rascunho € 1.000	€ 6.000
1.2			Folhetos € 20/'000 € 2.000	Aluguel de escritório excedente € 5.000		€ 7.000
1.3					Licença para fotos € 5.000	€ 5.000
2.1				Contratação de estúdio para sessão fotográfica 1 dia € 8.000		€ 8.000
Projeto						€ 26.000

Os mesmos princípios agora podem ser aplicados para os recursos humanos que você poderá usar no projeto. Crie uma matriz de atribuição de responsabilidades (veja a página seguinte) em cuja parte superior figurem todas as pessoas que estão colaborando no projeto, com despesas ou não, dependendo dos mecanismos de cálculo de custos de sua empresa. A diferença no cálculo de custos de recursos humanos é o uso de taxas diárias e o tempo durante o qual você precisa das pessoas no plano de projeto. É claro que você pode combinar as duas matrizes.

Tarefa	*Designer* gráfico	Fotógrafo	Assistente	Diretor de arte	Redator	Total
1.1	2 dias para criar o primeiro esboço dos folhetos € 1.000/dia € 2.000			Aprovação e correção do esboço € 1.200/dia 0,5 dia = € 600	1 dia para inserir texto no folheto gráfico € 1.000/dia € 1.000	€ 3.600
1.2						
1.3		Sessão fotográfica de 3 dias € 10.000	Sessão fotográfica de 3 dias € 6.000	Suporte para *design* € 1.000		€ 17.000
2.1	4 dias para inserção de fotos e ilustrações € 2.000			Aprovação final € 1.200		€ 3.200
Projeto						€ 23.800

Pode haver um bom motivo para separar os investimentos de capital (gasto isolado sujeito à depreciação) dos custos de faturamento (custos de materiais, serviços e pessoas). Em ambos os casos, as partes inferiores das matrizes devem ser combinadas para se obter uma estimativa operacional dos custos do projeto. Esse valor deve ser adicionado à declaração de projeto, que dará a qualquer pessoa da alta direção que esteja analisando o projeto uma ideia sobre se o projeto tem um custo aceitável ou não. Dará também aos contadores a oportunidade de calcular o retorno sobre o investimento (ROI).

Sem uma decomposição completa dos custos, humanos e outros, é impossível para os interessados avaliar qual será o ROI. Muitas empresas decompõem seus investimentos de capital, ignorando os custos de pessoal e, embora entreguem o projeto, nunca comparam os custos de curto prazo da entrega do projeto com seus benefícios de longo prazo. Pouquíssimas medidas de projeto são feitas posteriormente. Quando perguntamos às empresas por que isso acontece, normalmente recebemos a resposta de que as pessoas já estão ocupadas com o projeto seguinte e não têm tempo para voltar aos resultados e compará-los com os custos planejados. Geralmente, essas empresas nunca melhoram os projetos que – mas ainda assim continuam a entregá-los, realizam alguns com valor real, não medido, e outros sem qualquer valor.

Se você não ficar satisfeito com os valores (e muitos gerentes não ficam), tente sempre conferi-los com um contador de custo de projeto. Use custos e valores padrão, quando disponíveis, e verifique como sua empresa trata dos custos indiretos, como despesas de projeto.

9 Liderança do projeto Delegação

Quais atividades você deve delegar dentro de seu projeto e quais nunca deve delegar? Lembre-se da regra de ouro – você pode delegar *autoridade* a outra pessoa, a uma parte do projeto, mas, em última análise, a *responsabilidade* pela entrega do projeto estará sempre com você, o gerente de projeto. É ineficiente o gerente de projeto que se esconde atrás de seu pessoal quando, por exemplo, erros são cometidos.

Existem muitas ferramentas para os gerentes usarem na delegação de trabalho a outras pessoas, mas decidir o que delegar pode ser uma questão complicada. Da perspectiva empresarial, você deve delegar tudo que possa ser feito mais rápido, melhor e mais barato por outra pessoa. Contudo, há várias tarefas que não devem ser repassadas a outras pessoas, por mais competentes que sejam. Elas incluem:

- **Reconhecimento.** Se você pedir que outros agradeçam às pessoas em seu nome, o efeito será bastante reduzido. Esforce-se sempre para agradecer às pessoas pessoalmente – por telefone, por *e-mail* ou diretamente. Pedir que outros façam isso por você transmite uma mensagem completamente inversa – a de que você valoriza os esforços e o trabalho árduo das pessoas, mas não o suficiente para agradecê-las pessoalmente.
- **Recompensas.** Constituem uma extensão mais material do elogio. Dar recompensas é sempre reservado aos gerentes de linha, e isso significa que, dentro do contexto de um projeto, é uma atribuição do gerente de projeto.

- **Problemas de disciplina.** Administrar questões disciplinares não consiste apenas em gerenciar um desempenho fraco ou uma qualidade baixa do trabalho, mas também em tratar de problemas que afetam o trabalho e os resultados da equipe de projeto. Como gerente de projeto, você deve lidar com isso diretamente.
- **Relação com o patrocinador.** A administração do relacionamento com o patrocinador deve ser realizada pelo gerente de projeto. Você não pode delegar esse importante relacionamento de administração.
- **Confidencialidade.** Se as pessoas tiverem solicitado um grau de confidencialidade sobre um problema ou sua garantia de sigilo pessoal, a delegação claramente não é uma opção – caso você queira manter a credibilidade.

Certa vez, Patrick foi chamado a uma empresa para ajudar a colocar um projeto de volta nos trilhos e foi confrontado por um gerente de projeto muito estressado. Tratava-se claramente de um especialista no assunto do projeto, mas logo ficou evidente que, por ser tão entendido, achava que ninguém mais poderia fazer o trabalho tão bem quanto ele. Portanto, não delegava. Como outros membros da equipe também reconheciam sua qualificação, formou-se um círculo vicioso em que as outras pessoas não ofereciam sua ajuda porque sabiam que seu conhecimento não estava no mesmo nível daquele do gerente de projeto especialista. De modo que o gerente de projeto logo se tornou o "executor" do projeto, envolvendo-se em cada detalhe e perdendo a visão global. Quando tentava delegar trabalho, ou achava difícil explicar o que queria, ou reclamava que seria mais rápido se ele mesmo o fizesse.

E tinha toda razão. Em prazos muito apertados, a delegação não economiza tempo. Contudo, de médio a longo prazo, explicar o que é necessário e em que nível economizará tempo. O perigo é que, quando a programação do projeto atrasa, o gerente de projeto acha que tem ainda menos tempo para delegar trabalho.

Delegando eficientemente

A delegação consiste justamente na distribuição de trabalho ou a atividade de gerenciamento para tornar as coisas mais eficazes ou eficientes. Portanto, é fundamental delegar tarefas de um modo que minimize a chance de confusão ou comunicação falha. Sua estratégia de gerenciamento de projetos deve procurar esclarecer as tarefas, delinear os objetivos e melhorar a comunicação.

Fazendo isso e concentrando-se em tornar todas as tarefas claras e mensuráveis, você facilitará a missão de delegar. Com a prática, a delegação se torna natural, e você pode até obter a reputação de gerente de projeto que dá a seu pessoal a liberdade de agir independentemente dentro do projeto. Isso lhe confere uma grande vantagem ao tentar atrair as melhores pessoas de sua empresa para seus projetos. Elas sabem que haverá confiança para que continuem trabalhando nele e que irão aprender e se desenvolver.

Pode ser útil dividir um projeto em vários subprojetos, assim como em tarefas. Um subprojeto é um trabalho delimitado dentro de um projeto que, combinado com as outras tarefas, completa o projeto inteiro. Identificar subprojetos pode ser um meio de delegação poderoso, conferindo responsabilidades a outro membro da equipe sobre um subobjetivo delimitado do projeto.

Além de garantir que as tarefas que você delegou são SMART (veja a página 59), uma lista de verificação simples o ajudará a assegurar-se de que está no caminho certo:

1 **Antes de tudo, verifique se a tarefa é adequada para delegação.** Certifique-se de que não se trata de uma das tarefas que é essencial você executar. Em um ambiente de projeto, a maioria das tarefas é delegada por motivos de eficiência de recurso e/ou capacidade técnica. Você precisa que alguém se encarregue delas devido a sua falta de tempo e/ou habilidades.

2 **Certifique-se de que as pessoas ou equipes que você tem em mente possuam as habilidades, capacidades, atitude e tempo necessários para fazer o que foi solicitado.** Em um ambiente de projeto, em contraste com a "rotina do dia-a-dia", você não terá tempo para treinar ou desenvolver outras pessoas a fim de torná-las adequadas para algumas tarefas que gostaria de delegar. Esse é um teste dos conjuntos de habilidades que fizeram parte de seus critérios de seleção ao escolher os membros da equipe de projeto.

3 **Parte do "contrato" relativo ao trabalho de delegação consiste em explicar o que está sendo delegado e por quê.** O "por que" deve incluir um elemento de "por que eles?" e "o que há para eles ali?". Certifique-se de explicar como as tarefas se encaixam nos objetivos do projeto.

4 **Expresse claramente os resultados desejados.** Isso significa definir padrões de qualidade, escalas de tempo, prazos finais e sua definição de sucesso. Quanto mais claro for isso, maior será a chance de sucesso na primeira vez. Certifique-se de que as datas de revisão, os tempos e os prazos finais sejam bastante claros, compreendidos e consentidos.

5 **Como parte da definição dos resultados desejados, deve haver alguma discussão sobre os recursos disponíveis para a tarefa a ser realizada.** Pode haver certa liberdade para mudança nesse estágio, mas frequentemente os recursos já foram definidos e talvez haja muito pouco espaço para manobras. Torne isso claro também, para evitar que a pessoa delegada venha a solicitar mais recursos ao executar a tarefa.

6 **Dê apoio contínuo.** Embora seja crucial evitar a tentação de interferir na tarefa, é necessário que você, o gerente de projeto, garanta que a pessoa (ou pessoas) a quem a delegou saiba como e quando poderá acessá-lo por qualquer motivo. Combinar um modo pelo qual você possa monitorar o progresso também evitará o trabalho de interferir durante o período de execução da tarefa. Lembre-se de que você está delegando, e não abdicando.

7 **Analise o desempenho.** De forma ideal, tão logo as tarefas delegadas estejam concluídas, o gerente de projeto deve examinar o desempenho junto às pessoas incumbidas de executá-las. Na realidade, contudo, essa ação costuma ser deixada para o fim do projeto ou da fase. O fundamental é que isso seja feito assim que possível.

A delegação não precisa limitar-se às tarefas físicas. É na delegação do gerenciamento de tarefas ou de partes do projeto que os gerentes de projeto experientes liberam mais tempo. Isso vem com a experiência, mas usar ferramentas como a matriz de recursos e a matriz de atribuição de responsabilidades tornará a delegação de atividade de gerenciamento mais fácil.

A delegação não é a única habilidade exigida aos gerentes e líderes de projeto – eles também precisam ser capazes de inspirar, motivar e ter uma visão de alto nível. Mas, sem delegação, haverá menos tempo disponível para que se concentrem nessas outras habilidades.

10 Comunicação Plano de comunicação

Para que um projeto transcorra suavemente, os recursos necessários devem estar disponíveis no momento em que você precisar deles. Isso exige planejamento – de pessoas, instalações, equipamentos e recursos. Um plano de projeto completo orienta o projeto e é o documento que tudo comunica, desde seus objetivos globais, passando pelas atividades, até os recursos necessários e a programação. Isso inclui o plano mestre, o gráfico de Gantt, objetivos e outros documentos fundamentais para a entrega bem-sucedida do projeto, dentro orçamento, dos prazos finais e das metas. Considere o plano de comunicação como um subconjunto do plano de projeto.

É importante disponibilizar as informações às pessoas que precisam delas, quando precisarem e no formato correto. Seu desafio como gerente de projeto é facilitar e estimular essa comunicação dentro e fora da equipe de projeto. Certifique-se de que todos os dados do projeto estejam atualizados e gravados adequadamente – isso lhe permitirá disseminar as informações quando necessário. Para gerenciar vários projetos, o ideal é ter um escritório de projetos (PMO), mas, em uma escala menor, um centro de conhecimento – em geral referido como "sala de operações" – é igualmente valioso.

O centro de conhecimento

Lembre-se de que cada item das informações do projeto possui algum valor potencial para alguém. Na maioria dos casos, será óbvio o que precisa ser guardado, mas tente pensar mais amplamente e ter uma visão de maior alcance. Essa informação aparentemente trivial poderia ter valor para outro gerente de projeto, depois que esse projeto tiver terminado? Atualmente, com tecnologia da informação e os avanços na velocidade de transmissão, não há motivo para não armazenar algo devido à falta de capacidade.

Nomeie um coordenador para ser o responsável pelo gerenciamento de todas as informações. Ele deve se responsabilizar por obter os dados dos membros da equipe e por fornecer os dados corretos, no momento correto e no formato apropriado para os interessados. Esses dados poderiam ser, por exemplo, gráficos de Gantt, relatórios de atividade, registros de risco ou registros de problemas. Em muitas ocasiões, fizemos parte de reuniões de projeto em que todos traziam sua própria cópia do gráfico de Gantt do projeto e, após cerca de cinco minutos comparando as cópias, ficava claro que não estávamos cantando a mesma música. Um bom administrador de projeto normalmente é a única pessoa responsável pelo processo de controle de versão e, em projetos bem gerenciados, esse administrador publicará a versão mais recente, comum e atualizada do gráfico de Gantt, para todos verem.

Há também o risco de a equipe de projeto ficar inundada com dados; portanto, pense antecipadamente sobre o que segue.

1 **De que dados preciso para gerenciar o projeto e como devo classificá-los?** Tente classificar as informações dividindo os dados nas seguintes categorias:
   - Informações gerais de planejamento: objetivos, declaração da visão, plano mestre, diagramas de rede.
   - Dados em geral: informações sobre experiência que poderiam ser úteis para executar atividades.
   - Atividades concluídas: dados reunidos de tarefas finalizadas.
   - Atividades em andamento: dados necessários para as pessoas executarem atividades agora.
   - Atividades ainda não iniciadas: dados que poderiam ser úteis para tarefas e atividades futuras.

2 **Quem precisa de quais dados, quando e em qual formato?** Além dos membros da equipe de projeto, quem mais deve ter acesso ao centro de conhecimento? Provavelmente existem também outras pessoas de fora da empresa que poderiam beneficiar-se das informações que você pode compartilhar.
   - Consulte a lista de *stakeholders* que você fez no início do projeto como parte da análise de *stakeholders*.
   - Classifique aqueles que são fundamentais para o projeto e que, portanto, receberão dados prioritariamente.
   - Planeje como você disponibilizará os dados. Eles poderiam ser "enviados" – isto é, mandados para as pessoas, o que exigiria seu gerenciamento ativo em momentos específicos – ou "baixados" – isto é, postados em algum lugar para que elas os encontrassem. Como regra isso deve exigir o mínimo tempo possível para você ou seu coordenador de conhecimento gerenciar.
   - Examine o formato dos dados, os cronogramas e o conteúdo junto aos *stakeholders* e aos membros da equipe.

Conhecimento e informação podem ser percebidos como óleo que mantém o projeto correndo suavemente, mas em geral as pessoas não valorizam isso até se sentirem "fora do circuito".

PARE – PENSE – AJA

Este capítulo apresentou uma variedade de ferramentas e técnicas utilizadas pelas empresas mais bem-sucedidas do mundo para otimizar seu desempenho na área do gerenciamento de projetos. Algumas lhe serão mais relevantes do que outras, e algumas talvez precisem ser adaptadas de acordo com sua situação específica. A maioria dos gerentes de projeto usará essas ferramentas em algum momento de suas carreiras, embora talvez não todas de uma vez. Reserve um tempo para refletir sobre as dez principais ferramentas e técnicas de gerenciamento de projetos e identifique os elementos que você incluirá em seu gerenciamento de projetos.

O que devemos fazer?	Que ferramentas e técnicas são apropriadas?
Quem precisamos envolver?	Quem precisa estar envolvido e por quê?
De quais recursos precisaremos?	Que informações, instalações, materiais, equipamentos ou orçamento serão necessários?
Qual é o cronograma?	Quanto tempo cada atividade normalmente levará?

Visite o *site* **www.Fast-Track-Me.com** para ter acesso à ferramenta de planejamento *on-line* deste livro.

PALAVRA DO ESPECIALISTA

Gerenciamento de projetos contemporâneo e liderança

Professor Svein Arne Jessen

"Durante muitos anos os projetos foram considerados operações isoladas, seguindo regras rígidas de especificação, tempo e orçamento, mas essa visão está sendo superada pela noção de que projetos são os meios para uma mudança muito mais abrangente, envolvendo muito mais incógnitas. Agora, muitas empresas têm agrupado projetos, com suas próprias metas específicas, em programas com objetivos amplamente comuns. Desse modo, as empresas têm mudado de marcha e começaram a 'gerenciar por projetos', a fim de apresentar objetivos estratégicos de nível mais alto, que não seriam possíveis se os projetos fossem tratados independentemente. Além disso, à medida que o número de projetos e programas de projeto aumenta dentro das empresas, a ênfase desloca-se para o gerenciamento do 'portfólio de projetos' total, significando que, conforme as necessidades estratégicas mudem, novos projetos podem ser criados e os anteriores finalizados, independentemente da viabilidade do projeto individual em relação a seus objetivos iniciais. Consequentemente, os gerentes de projeto precisam prestar atenção a três dimensões: pensar 'para dentro', sobre como ser bem-sucedido com seu projeto isolado; pensar 'para cima', sobre a adequação estratégica de seu projeto; e pensar 'lateralmente', sobre como seu projeto isolado pode ser combinado com outros projetos a fim de formar um melhor portfólio de projetos.

A ampliação do escopo dos projetos e, ao mesmo tempo, o uso do conceito de projeto para uma gama maior de atividades (incluindo projetos físicos e 'áreas mais subjetivas', como uma mudança organizacional) levaram a uma mudança no pensamento a respeito da função dos projetos na sociedade moderna. Há um crescente reconhecimento de que os projetos atuam como 'agentes influenciadores', em vez de constituir uma reação às tendências sociais. Isso gerou três preocupações em particular para as empresas:

1. Até que ponto a empresa orientada em projetos é madura o suficiente para lidar com uma variedade de projetos altamente complexos, de modo que possa oferecer apoio adequado.
2. A existência de uma forte crença nos benefícios do uso de projetos para realizar uma mudança.
3. Até que ponto existe um clima entre seu grupo de *stakeholders* que permita a construção do conhecimento ativo relacionado ao impacto dos projetos.

A maturidade do projeto dentro da comunidade empresarial é a soma da capacidade de agir, da disposição de estar envolvido, da compreensão do impacto da disposição de projetar e da ação de projetar. Compreensão, conhecimento, aprendizado e ação estão intimamente relacionados e desempenharão um papel ativo e interativo na construção de uma postura desejada de mudança mediante projetos. A divisão do trabalho e a racionalidade do processo decisório, aliados a boas linhas de comunicação e a uma estrutura de autoridade bem entendida e aceita, aumentam a capacidade operacional. Os projetos serão mais bem gerenciados quando tiverem uma mistura de elementos 'culturais' e 'estruturais' incorporados no processo. O princípio de que risco precisa ser tratado de forma diferente, dependendo do nível dentro da empresa, parece ser válido para projetos em geral. Nos níveis mais baixos, os riscos estão dentro do controle dos principais atores do projeto e devem ser tratados por eles, enquanto os riscos de níveis mais altos só podem ser tratados apropriadamente mediante a compreensão dos projetos em relação à estratégia da empresa ou organização e, ao mesmo tempo, ao ambiente externo visto de um ângulo mais amplo. Uma mensagem muito importante atualmente é a de que os projetos devem fazer parte da hierarquia de uma empresa para serem tratados de forma profissional, assim como em nível individual as principais operações só podem ser entendidas quando colocadas em um esquema estratégico.

Assim, uma segunda preocupação é saber como medir o sucesso real do projeto. Tradicionalmente, o sucesso de um projeto era visto limitadamente como a obtenção dos resultados pretendidos em termos de especificação, tempo e orçamento. Embora isso fosse amplamente aceito nas primeiras fases de gerenciamento de projetos, quando o contexto dos projetos mudou, ficou claro que era necessário um conjunto mais amplo de medidas de resultado. Tais influências incluem a preocupação com o crescimento para garantir a maximização do valor obtido pelo projeto, a noção de empresa sustentável, a importância do conhecimento como recurso de vantagem competitiva e a importância da motivação como recurso para uma melhor execução do projeto. Dentro das empresas baseadas em conhecimento, os projetos atualmente estão sendo considerados importantes áreas de aprendizado; a singularidade de cada projeto torna o trabalho em projetos rico em oportunidades de aprendizado pessoal e organizacional. Portanto, nos projetos modernos o sucesso é um conceito amplo, que trata do impacto do projeto global; isto é, tanto o sucesso do gerenciamento de projetos como o sucesso do produto final do projeto. Expandir os critérios de sucesso dessa maneira adiará necessariamente o julgamento final do projeto – muitas vezes meses ou anos após a conclusão do projeto em si – para incluir medidas de desempenho vitalícias. Dado esse conjunto mais amplo de resultados esperados, é óbvio que o gerenciamento de projetos precisa responder de forma bastante diferente do que anteriormente. Tanto os estrategistas econômicos como os gerentes de projeto podem se beneficiar por entender a inter-relação dos fatores que precisam de particular atenção para alcançar esses resultados e o eventual estabelecimento de novos indicadores de desempenho para o gerenciamento de projetos.

A terceira área de preocupação está relacionada ao modo como os projetos são executados. Há muito tempo reconhece-se que a tecnologia da informação e comunicação tem influenciado a maneira de pensarmos e nos comportarmos. A tecnologia não apenas tem nos liberado de muito trabalho maçante e repetitivo, permitindo-nos concentrar nossa atenção em pensamentos mais avançados, inovadores e criativos, mas também nos tornou capazes de fazer as coisas de forma mais rápida e abrangente do que nunca. Para os projetos, esse desenvolvimento tem tido uma forte influência sobre a execução e o controle, substituindo a antiga noção de que as operações podem ser executadas em uma série de etapas lógicas. A tomada de decisão baseada em um processo demorado e linear de coleta de dados, análise, elaboração, e seguido de conclusões e, então, talvez publicação e ação, tem sido significativamente compactada e possibilitado processos decisórios mais rápidos. Surgiu o conceito de '*scrum*' (amontoado, em inglês) para a execução de projetos. Emprestado do beisebol e posteriormente refinado pelo uso do princípio de 'pesquisa ação e aprendizado na ação', ele recomenda reuniões em pé (*stand-up meetings*) toda manhã, em sequências de três a quatro semanas, em que as equipes de projeto são convidadas a apresentar novos desenvolvimentos e pensamentos, bem como a mudar o processo de projeto onde for apropriado. Normalmente, o controle do projeto está intimamente relacionado com o plano de projeto; portanto, as medidas adotadas fracassam quando o foco é levar em conta o grau em que os processos de projeto estão usando os desenvolvimentos mais recentes do setor. ”

Capítulo 4

Tecnologias

Para permanecerem o mais eficazes e eficientes possível, os gerentes que utilizam a Via Expressa diferenciam-se pelos mecanismos de apoio que colocam em ação em benefício próprio e de suas equipes. Tais mecanismos incluem o uso inteligente de tecnologias apropriadas – que lhes permitem, por exemplo, automatizar atividades não essenciais, liberando tempo para se concentrarem no gerenciamento, na motivação e na liderança das pessoas. Podem incluir também o uso de instrutores, redes não hierárquicas, e obter acesso ao pensamento mais recente em suas esferas de atuação. Contudo, a tecnologia da informação, especialmente na esfera do gerenciamento de projetos e de programas, se for mal administrada, pode atrapalhar o gerenciamento eficiente, em vez de contribuir com ele.

INTRODUÇÃO

Por que considerar a tecnologia?

Quando bem empregada, a tecnologia pode ser um habilitador. Pode ajudar o gerente de projeto a enfrentar as rápidas e constantes transformações do ambiente externo, mantendo-o em dia com as modificações no setor ou negócio relevante. Em uma empresa complexa e dentro de um projeto multifuncional, como um gerente de projeto poderia esperar manter-se atualizado e ciente do que está acontecendo?

Certamente não há falta de canais de informação, desde *sites* de rede social e *blogs* até fóruns especializados e grupos de interesse especial – na verdade, há informações demais. Como os gerentes de projeto filtram a grande quantidade de *e-mails*, *sites*, relatórios, teleconferências e mensagens de texto que chegam sem convite o tempo todo, dia e noite?

Embora a sobrecarga de informação seja um problema importante, a realidade é que, se não utilizarmos informações relevantes e atualizadas, ficaremos atrás da concorrência. Por mais que a tecnologia não seja a resposta para todos os nossos problemas, ela é um chabilitador muito importante para nos ajudar a permanecer eficazes e eficientes – especialmente dentro do gerenciamento de projetos.

> **Dica rápida** Programação
>
> Lembre-se de manter seus planos atualizados o tempo todo e, caso os imprima, coloque uma data ou um número de versão neles.

Como libero tempo?

Antes de decidir como irá utilizar a automação/tecnologia para economizar tempo, primeiro você precisa eliminar totalmente as atividades de baixo valor ou desnecessárias.

Faça uma lista de suas atividades semanais. Determine quanto tempo é gasto em cada uma dessas atividades, assim como o valor que associa a cada uma delas – usando talvez uma escala simples de cinco pontos. Então, trace uma matriz simples de dois por dois, para determinar onde cada atividade está posicionada:

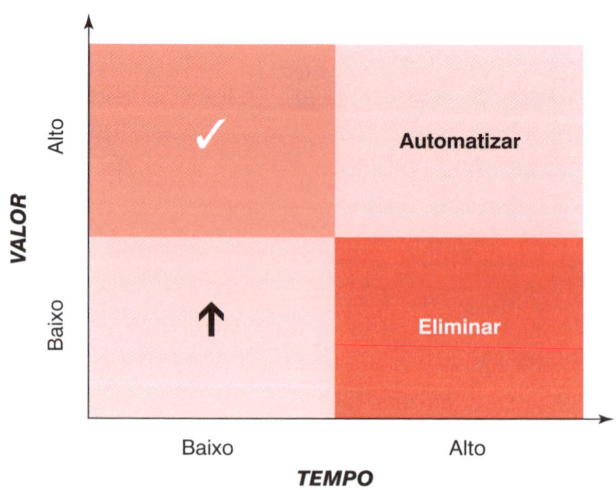

- **As atividades situadas no quadrante inferior direito são críticas – tempo alto, mas valor baixo.** Elimine-as. Por exemplo, talvez haja reuniões de avaliação de ideias das quais você não precisa participar, ou algumas que poderiam ser delegadas a um membro de sua equipe, o que também poderia ser bom para o desenvolvimento pessoal dele.
- **Situadas no quadrante inferior esquerdo apresentam um problema.** Elas não estão consumindo tempo considerável; portanto, são razoavelmente eficientes, mas não estão apresentando muito valor. Talvez haja um modo de aumentar o valor de cada atividade. Você poderia, por exemplo, mudar a agenda de uma reunião semanal de atualização operacional, a fim de incluir uma solicitação para que a equipe sugira pelo menos uma nova ideia de aprimoramento. Muitos problemas de administração pessoal figuram nesse quadrante – por exemplo, como você arquiva seus *e-mails* relacionados a projetos e como documenta o sistema de arquivamento de todos os relatórios de projeto. Eles agregam pouco valor ao projeto e, se forem tratados imediatamente, exigirão pouco tempo; contudo, se você deixar esses *e-mails* e relatórios acumularem, eles consumirão uma quantidade de tempo desproporcional.
- **As atividades situadas no quadrante superior esquerdo já são eficientes e de alto valor.** Talvez elas já estejam automatizadas; portanto, deixe-as para sua próxima avaliação. Elas poderiam incluir, por exemplo, a comunicação de tarefas e a atualização de trabalhos. Se você já tiver um processo de comunicação em vigor, então isso será automático, mas sem ele o projeto simplesmente não poderá prosseguir.
- **No quadrante superior direito figuram atividades como a origem e o pensamento e planejamento iniciais dos projetos.** Iniciar projetos da maneira correta pode levar bastante tempo; portanto, essas atividades são importantes por definição – têm alto valor. Ainda que você não queira livrar-se delas, precisa encontrar uma maneira mais eficiente de executá-las. Por exemplo, talvez sua reunião mensal com um distribuidor regional pudesse ser realizada por videoconferência.

Pense cuidadosamente sobre seu gerenciamento de tempo global: esteja ciente de como utiliza seu tempo e procure constantemente maneiras de melhorar esse aspecto. Uma vez que você tenha realizado uma avaliação de tempo e valor, estará mais consciente dessa necessidade. Não se esqueça de que tendemos a fazer as coisas de que gostamos e adiamos o que é menos divertido. Se você leva a sério utilizar a tecnologia da melhor maneira possível, tente superar essa predisposição psicológica e considere o uso de seu tempo da forma mais objetiva que puder. Se não gerenciar bem seu tempo, você achará difícil administrar o projeto paralelamente a suas outras atividades profissionais.

Quando for convidado a participar de reuniões, pergunte constantemente: "Por quê?" Que valor a reunião terá para você, ou que valor você confere a ela? Se não houver uma resposta óbvia, recuse o convite ou delegue. Experimente uma agenda mais dirigida, ou prepare-se melhor, antes da reunião, para reduzir sua duração. O segredo é eliminar as tarefas e atividades desnecessárias antes de procurar oportunidades para automatização: desse modo, você evita colocar a TI e outros recursos em algo de pouco ou nenhum valor.

Por fim, estimule sua equipe a fazer o mesmo exercício para que, quando você estiver se decidindo sobre várias opções de automação, tenha como meta aumentar a eficiência global da equipe, e não apenas a sua.

A LIGAÇÃO PROCESSO-SISTEMA

Como devemos usar a tecnologia?

Pense com cuidado sobre como você utilizará a tecnologia e certifique-se de que ela esteja vinculada ao que está procurando alcançar. Talvez o ponto de partida seja procurar em sua estrutura de gerenciamento de projetos global oportunidades para tornar cada elemento mais rápido, mais simples e, possivelmente, mais divertido. Talvez a tecnologia possa ajudar na produção de relatórios, no planejamento ou mesmo na implementação. Em nossa opinião, é muito raro a tecnologia ajudar nessas três coisas. No entanto, o auxílio no aprendizado pode ser bastante melhorado por meio da TI. Tudo que ajude no processo de aprendizado – antes, durante e depois de um projeto – deve valer a pena.

Alguns aspectos da estrutura servirão para o uso de tecnologias, enquanto algumas das áreas mais frágeis, como liderança e cultura, oferecerão menos oportunidades ou, se forem mal aplicadas, poderão até mesmo enfraquecer sua posição como gerente de projeto.

Você também pode optar por usar todos os tipos de *software* de gerenciamento de projetos, variando em sofisticação desde o simples uso do Microsoft Excel para produzir gráficos de Gantt até soluções automatizadas para toda a empresa, como o Primavera.

Caso real Fundação do NHS (instituição) na divisa com Surrey, história de Fiona

Narrador Fiona é a principal executiva da fusão de três fundações do NHS (National Health Service – serviço nacional de saúde britânico) e exigia relatórios atualizados desse grande portfólio de projetos de atividades de fusão.

Contexto Após a reorganização do NHS, três fundações de saúde mental na região de Surrey, Inglaterra, foram obrigadas a fundir-se em uma única entidade. A comissão de auditoria havia identificado uma estratégia de melhor prática para a fusão e integração, sendo que os projetos básicos tinham sido identificados e vinculados aos objetivos da comissão de auditoria.

Problema A administração da fundação fora realizada mediante treinamento em PRINCE2 e era considerada muito complicada. A equipe da alta direção das três entidades estava encontrando uma série de redundâncias, e os níveis de habilidade em gerenciamento de projetos eram considerados baixos.

Solução Uma ferramenta baseada na Web deu a Fiona acesso imediato aos relatórios de *status* de todos os projetos das três fundações. Ela utilizou um indicador de *status* vermelho (R), âmbar (A), verde (G) para sinalizar as áreas de preocupação e concentrar o tempo da alta direção em projetos importantes. Os gerentes de projeto foram obrigados a atualizar as informações quinzenalmente, no mínimo.

Aprendizado Com o uso de uma ferramenta dinâmica nas reuniões de avaliação, o tempo gasto na criação de relatórios baseados em papel foi minimizado e foram economizados mais de 20% do tempo de administração. Além disso, as principais decisões eram destacadas e tornadas visíveis para todos os altos gerentes. As três fundações possuíam mais de 200 *sites*; portanto, uma ferramenta baseada na Web garantiu que todas pudessem inserir dados, independentemente da localização.

PRINCIPAIS TECNOLOGIAS

Como fico sabendo quais são as tecnologias existentes?

Compreendemos agora a necessidade de tecnologia, sistemas e automação, e onde iremos implantá-la a fim de obter o melhor efeito. Mas como descobrimos o que está disponível?

Habitue-se a sondar as tendências tecnológicas na Web ou em periódicos do setor. Veja o que outras pessoas de seu ramo estão lendo – particularmente aquelas que você mais admira. De onde elas obtêm as informações? A Web pode facilmente se tornar uma distração; portanto, cuidado para não perder o controle de sua pesquisa e passar a "surfar", em vez de fazer buscas específicas.

Contudo, saiba que estão disponíveis muitas informações, e novas tecnologias estão surgindo o tempo todo. Como você decide o que é relevante e o que é útil? Comece com um ceticismo saudável. Investigue a tecnologia, mas pergunte "E daí? – isso é relevante para minha equipe e para mim? Como isso afetará o desempenho?" Examine os programas de *software* de gerenciamento de projetos disponíveis, o que abrange muitos tipos de atividade, como programação, controle de custos e gerenciamento do orçamento, alocação de recursos, colaboração, comunicação, gestão da qualidade e sistemas de documentação ou administração. Escolha sabiamente – use os critérios V-SAFE (*value, suitable, acceptable, feasible and enduring* – respectivamente, valor, conveniente, aceitável, viável e durável) como teste: a tecnologia agrega **valor**, é **conveniente**, **aceitável** e **viável,** e fornecerá benefícios **duradouros**? Ela tem preço razoável e se integra aos outros sistemas atualmente em vigor? Verifique esses critérios antes de tomar a decisão de Prosseguir/Não prosseguir/Esperar.

> Dica
>
> **Dica rápida** Planejamento de recursos
>
> Refine sua matriz de recursos até que qualquer um possa trabalhar com ela. Simples é melhor.

Que ferramentas apoiarão uma estratégia de gerenciamento de projetos sustentável?

Reconheça que o desenvolvimento de tecnologias está sendo tão rápido que a lista do que há disponível nunca será estática. Use a lista a seguir como uma referência ao que é possível, mas lembre-se de que ela é uma fotografia do que está acontecendo em dado momento. O segredo é habituar-se a sondar constantemente esse campo, em busca de ideias para aumentar a eficácia e a eficiência de sua estrutura de gerenciamento de projetos.

1 Gerenciamento de projetos e a Internet

O que é isso?	O que faríamos sem a Internet? A Internet abriga uma quantidade enorme de *sites* em que "cabeças de Gantt" (aqueles que estão no gerenciamento de projetos na Internet) podem procurar *downloads* gratuitos, suporte ou fóruns. É uma ferramenta excelente. Contudo, assim como ocorreria em uma biblioteca na qual a capa de todos os livros tivesse sido retirada, pode levar algum tempo até você encontrar o que quer e o que é útil. Associações profissionais na área do gerenciamento de projetos, como a Association of Project Managers (APM) e o Project Management Institute (PMI), são portais excelentes, nos quais você pode procurar recomendações, entrar em contato com outras pessoas e encontrar *links* para outros *sites*.
Prós	Fornece uma fonte rica de informações sobre uma variedade de assuntos relacionados a projeto. As informações frequentemente são gratuitas, e você pode obtê-las muito rapidamente. A Internet pode fornecer muitas informações sobre ferramentas, *software*, sistemas e estudos de caso em questão de minutos, quando anteriormente isso poderia levar semanas. Ela estimula a criatividade, conforme observado pelo jornalista Franklin P. Adams: "Acho que grande parte das informações de que disponho foi adquirida pesquisando uma coisa e encontrando outra pelo caminho".
Contras	A maior parte das informações contém certo grau de parcialidade. Afinal, alguém as produziu para seus próprios propósitos. Além disso, normalmente são desestruturadas, no sentido de que uma pesquisa sobre um assunto produzirá muitos resultados, mas as informações de cada *site* estarão dispostas em um estilo diferente. Algumas pessoas a chamam de repositório de vários trilhões de palavras (e aumentando); o problema é localizar as 25 de que você realmente precisa.
Fatores de sucesso	Tome cuidado com a sobrecarga de informações e, se novas informações tiverem fundamental importância, valide-as antes de tirar suas conclusões, usando outras fontes. Uma boa regra básica é a que os jornalistas utilizam – só publique um "fato" se você o tiver obtido de pelo menos duas fontes confiáveis. Existem muitos *sites* úteis, mas os melhores profissionais da "Internet" criam sua própria coleção de "favoritos". Crie uma lista de *sites* que tenham algo específico para você usar. Subdivida-os em categorias, como *software*, fóruns, pesquisa, métodos de gerenciamento de projetos, estudos de caso, associações profissionais (isto é, APM, PMI), etc.

Dica

Dica rápida Estrutura analítica do projeto

Ao criar uma estrutura desmembrada de trabalho (WBS, *work breakdown structure*), inclua um verbo e coloque-o no passado. Por exemplo, "materiais solicitados" ou "manual escrito". Isso porque uma WBS precisa mostrar ação, pois assim ajudará no planejamento de tempo e recursos.

2 Planilhas eletrônicas

O que é isso?	A mais básica das ferramentas de escritório pode ter um efeito substancial no gerenciamento de projetos. Os produtos comumente adquiridos, que ajudam em muitas outras áreas da empresa, podem ter relevância específica para o gerenciamento de projetos. A planilha eletrônica, em particular, embora projetada para gerenciar números, pode ajudar o gerente de projeto de muitas maneiras, como no planejamento de tarefas na estrutura desmembrada de trabalho (WBS).
Prós	A maioria das empresas tem algum *software* de planilha eletrônica instalado em seus departamentos. São excelentes programas para a criação de gráficos de Gantt básicos; de fato, uma planilha eletrônica simples é a primeira experiência com gráficos de Gantt de muitos gerentes de projeto iniciantes. As planilhas eletrônicas também são muito úteis para criar uma WBS – basicamente, uma lista de tarefas a serem executadas, subdivididas em suas partes constituintes.
Contras	A planilha eletrônica não foi feita especificamente para o gerenciamento de projetos e, portanto, tem alcance um tanto limitado. De acordo com nossa experiência, quando um gerente de projeto tenta administrar, em um único aplicativo de planilha eletrônica, dois ou mais projetos que competem pelos mesmos recursos, a complexidade aumenta. As planilhas eletrônicas são frequentemente referidas como "arquivos planos" (isto é, não se trata de um banco de dados), o que significa que são ótimas para projetos simples, mas não tão úteis quando você tem vários projetos e quer extrair e compartilhar dados entre eles – fazer modificações na planilha eletrônica torna-se demorado e difícil.
Fatores de sucesso	Em um projeto que passa por mudanças frequentes, é um verdadeiro fardo ter de "recortar e colar" novas tarefas em uma planilha eletrônica; ou, ainda, se membros da equipe mudam o formato da planilha eletrônica para adaptá-la a suas necessidades específicas, então mesclá-las novamente em uma lista combinada de tarefas torna-se quase impossível. Portanto, o fator de sucesso é a simplicidade. Lembre-se de que quanto mais complexos forem seu projeto e o ambiente de gerenciamento de projetos, mais complexas serão suas necessidades. Quanto mais projetos você gerencie e quanto maior a necessidade de compartilhar informações entre eles, mais provável será que uma planilha eletrônica simples não satisfaça seus requisitos, e rapidamente você deixará de ser auxiliado pelo *software* para ser limitado por ele.

3 Aplicativos de processamento de textos

O que são eles?	Eles provavelmente são os aplicativos mais comuns e difundidos – ainda que possam não parecer ferramentas de gerenciamento de projetos. Os gerentes de projeto mais eficientes são aqueles que aproveitam tecnologias comuns, como o Microsoft Word, e as fazem trabalhar para eles. Produzir modelos específicos para projetos usando o Word pode economizar seu tempo rapidamente.

Prós	Se a necessidade global é comunicar coisas como o termo de abertura de projeto e/ou objetivos, então um aplicativo de processamento de textos é perfeito para seus requisitos. Com um pouco mais de trabalho, modelos podem ser criados e, antes que você perceba, terá uma metodologia "feita em casa" a conduzir seus projetos. Um modelo exigirá determinado método e, de certa forma, garantirá um padrão de conformidade.
Contras	Embora sejam úteis na comunicação de objetivos e conceitos, os aplicativos de processamento de textos pouco adiantam nos estágios de planejamento e implementação do gerenciamento de projetos. Isso não quer dizer que um gerente de projeto não achará tais aplicativos valiosos, mas eles não são especializados por natureza e têm utilidade limitada em certas áreas do gerenciamento de projetos.
Fatores de sucesso	Use aplicativos de processamento de textos para se comunicar com os membros da equipe a respeito de objetivos e calendários básicos, de modo a construir equipes mais eficientes. Tente criar modelos e formulários que possam ser reutilizados em projetos subsequentes. Eles não apenas economizarão seu tempo, mas também começarão a criar um padrão com o qual outros possam trabalhar.

4 *Software* de gerenciamento de projetos

O que é isso?	*Softwares* de gerenciamento de projetos (como Microsoft Project, Primavera, WBS Tracker, etc.) são usados para traçar o escopo, planejar, monitorar e controlar a implementação de projetos usando técnicas de gerenciamento de projetos reconhecidas. Eles fornecem uma estratégia estruturada pertinente para gerenciar projetos complexos, pois são projetados para o gerenciamento de projetos.
Prós	O *software* de gerenciamento de projetos oferece um meio muito eficiente de planejar atividades de projeto, comunicar objetivos, alocar tarefas, agendar atividades e recursos e monitorar o progresso. Saídas simples também podem fornecer relatórios facilmente entendidos por todos os interessados. Os aplicativos baseados na Web usados em uma empresa também oferecem uma maneira de gerenciar o portfólio de projetos como um todo, e não individualmente. Em geral, os departamentos de TI ficam felizes em permitir o uso de ferramentas baseadas na Web, pois elas são fáceis de gerenciar e não exigem *downloads* nem entradas físicas em seus sistemas.
Contras	A maioria das ferramentas de gerenciamento de projetos é complexa demais para os projetos mais simples. Além disso, algumas das ferramentas de projeto mais populares e conhecidas são tão cheias de recursos que se tornam praticamente inúteis, a não ser para os gerentes de projeto mais especializados e profissionalmente qualificados. Elas tendem a se concentrar no gerenciamento detalhado de recursos e tarefas, em lugar dos fatores de sucesso típicos, como ter objetivos claros, um processo eficaz de gerenciamento dos interessados e um registro de riscos simples. Alguns aplicativos podem ser proibitivamente carosa, e na maioria das vezes os departamentos de TI não gostam de instalar e dar suporte a *softwares* especialistas.

(continua)

(continuação)

Fatores de sucesso	Mesmo com *softwares* de gerenciamento de projetos abrangentes, existem riscos para o gerente de projeto iniciante. Um bom ponto de partida é entender suas necessidades enquanto gerente de projeto e os requisitos daqueles que estão à sua volta. Procure um produto de *software* baseado na Web que seja simples, fácil de usar e que atenda a suas necessidades específicas. Em seguida, certifique-se de que você e os principais interessados saibam como usá-lo. Por exemplo, se sua necessidade é produzir relatórios de projeto, encontre uma ferramenta que faça isso por você; se, em vez disso, seu requisito é o planejamento e a programação de recursos, então encontre uma ferramenta que o faça. Por fim, não se esqueça de que o gerenciamento de projetos consiste tanto na definição da visão e na liderança da equipe quanto na produção de gráficos e diagramas explicativos.
Exemplo	O relatório baseado na Web a seguir mostra todos os projetos dentro da região Benelux. Uma classificação vermelho-âmbar-verde simples é utilizada para identificar os projetos que necessitam de atenção. Durante uma reunião de avaliação, a equipe "expandirá" os detalhes dos projetos que precisam de ajuda.

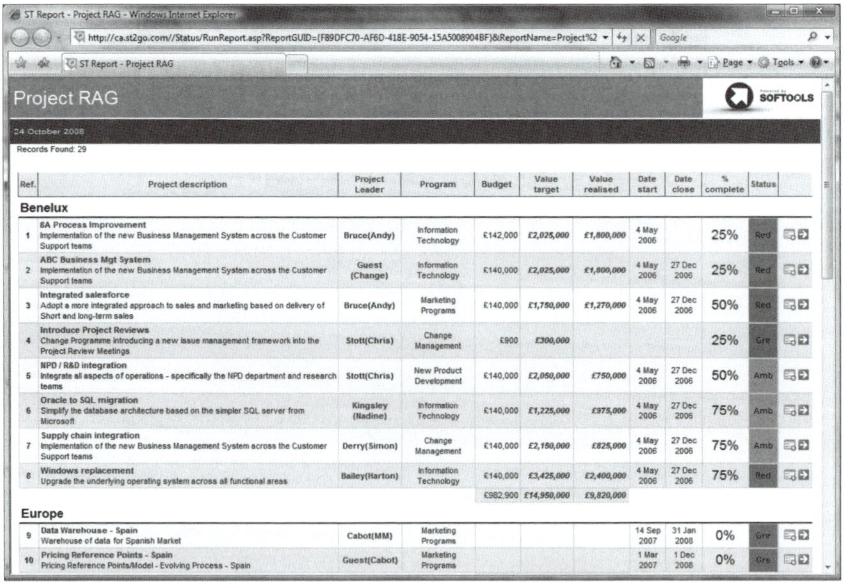

Ref.	Project description	Project Leader	Program	Budget	Value target	Value realised	Date start	Date close	% complete	Status
Benelux										
1	**8A Process Improvement** Implementation of the new Business Management System across the Customer Support teams	Bruce(Andy)	Information Technology	£142,000	*£2,025,000*	*£1,800,000*	4 May 2006		25%	Red
2	**ABC Business Mgt System** Implementation of the new Business Management System across the Customer Support teams	Guest (Change)	Information Technology	£140,000	*£2,025,000*	*£1,800,000*	4 May 2006	27 Dec 2006	25%	Red
3	**Integrated salesforce** Adopt a more integrated approach to sales and marketing based on delivery of Short and long-term sales	Bruce(Andy)	Marketing Programs	£140,000	*£1,750,000*	*£1,270,000*	4 May 2006	27 Dec 2006	50%	Red
4	**Introduce Project Reviews** Change Programme introducing a new issue management framework into the Project Review Meetings	Stott(Chris)	Change Management	£900	*£300,000*				25%	Gre
5	**NPD / R&D integration** Integrate all aspects of operations - specifically the NPD department and research teams	Stott(Chris)	New Product Development	£140,000	*£2,050,000*	*£750,000*	4 May 2006	27 Dec 2006	50%	Amb
6	**Oracle to SQL migration** Simplify the database architecture based on the simpler SQL server from Microsoft	Kingsley (Nadine)	Information Technology	£140,000	*£1,225,000*	*£975,000*	4 May 2006	27 Dec 2006	75%	Amb
7	**Supply chain integration** Implementation of the new Business Management System across the Customer Support teams	Derry(Simon)	Change Management	£140,000	*£2,150,000*	*£825,000*	4 May 2006	27 Dec 2006	75%	Amb
8	**Windows replacement** Upgrade the underlying operating system across all functional areas	Bailey(Harton)	Information Technology	£140,000	*£3,425,000*	*£2,400,000*	4 May 2006	27 Dec 2006	75%	Red
				£982,900	*£14,950,000*	*£9,820,000*				
Europe										
9	**Data Warehouse - Spain** Warehouse of data for Spanish Market	Cabot(MM)	Marketing Programs				14 Sep 2007	31 Jan 2008	0%	Gre
10	**Pricing Reference Points - Spain** Pricing Reference Points/Model - Evolving Process - Spain	Guest(Cabot)	Marketing Programs				1 Mar 2007	1 Dec 2008	0%	Gre

5 Videoconferências

O que é isso?	**As videoconferências permitem às pessoas comunicar-se usando voz e vídeo, mesmo com pessoas** localizadas em outro lugar no mundo – é como conversar com alguém pelo telefone e, ao mesmo tempo, ser capaz de ver a pessoa. Essa tecnologia existe há bastante tempo, mas com a crescente velocidade da Internet e o aperfeiçoamento dos monitores de tela plana, ela está ficando cada vez mais barata e melhor. A capacidade de mostrar documentos às outras pessoas da conferência é um recurso muito interessante e pode ser utilizado eficientemente no planejamento da programação e de gráficos de Gantt em projetos *multisites*, em vários locais pelo mundo.
Prós	A vantagem óbvia é que a videoconferência reduz as viagens, diminuindo os custos e liberando seu tempo. Seu impacto será maior nas empresas que enfrentam altos gastos com voos internacionais, mas ela também tem o potencial de reduzir substancialmente os custos de viagens domésticas. Alguns sistemas também informam quando a outra pessoa está disponível, sendo muito convenientes e muito fáceis de usar.
Contras	Montar instalações de videoconferência dentro de uma empresa pode ser dispendioso, além de que muitos sistemas simplesmente não oferecem a qualidade exigida para uma comunicação eficiente. Na maioria das vezes são muito impessoais e, mesmo quando a qualidade do sinal é boa, não proporcionam um contato pessoal, podendo ainda ser ineficientes, por exemplo, em situações de vendas.
Fatores de sucesso	Investigue as tecnologias baseadas na Internet e pense em utilizar uma versão padrão em um teste-piloto, isto é, dentro de uma equipe pequena, para determinar se essa tecnologia é apropriada e, se for, como deseja utilizá-la. Você precisará estabelecer rotinas de gerenciamento, em termos do que vai usar e quando, para torná-las eficazes. Contudo, segundo nossa experiência, a videoconferência ainda não substitui satisfatoriamente a reunião presencial quando se trata de uma parte decisiva de um projeto. A reunião de início do projeto, por exemplo, é uma chance de motivar e inspirar que não pode ser aproveitada através de uma linha telefônica.

6 *E-mail*

O que é isso?	O correio eletrônico permite aos membros de uma equipe de projeto comunicar-se por meio de seus computadores. O *e-mail* tornou-se a forma padrão de comunicação entre empresas e dentro delas, sendo uma ferramenta importante para uma comunicação eficiente.
Prós	A maioria das empresas já dispõe de sistemas de *e-mail*, muitos deles gratuitos. Além disso, mesmo esses sistemas sendo complexos, a maioria das pessoas está a tal ponto familiarizada com eles que se sente à vontade utilizando-os. (Quando o *e-mail* foi utilizado pela primeira vez, o presidente de uma das 100 principais empresas do FTSE disse que ele nunca daria certo!) Os sistemas de *e-mail* também têm se tornado um sistema de arquivamento substituto para a manutenção de mensagens e relatórios, de modo que muitos gerentes de projeto utilizam um sistema de arquivamento de *e-mails* especificamente destinado a seus projetos.

(continua)

(Continuação)

Contras	Infelizmente, a maioria dos sistemas de *e-mail* está aberta a certo abuso e apresenta dois problemas. Primeiro, pode haver a tendência de enviar cópias às pessoas desnecessariamente, para mantê-las informadas – tornando-se correspondência interna indesejada. Por outro lado, trata-se de uma comunicação interpessoal fácil, sem a inclusão de outros *stakeholders* importantes na discussão. Além disso, o *e-mail* pode reprimir a interação pessoal: enquanto trabalhava em uma empresa de *software* nos anos 1990, Simon achou estranho o fato de que os programadores e desenvolvedores, atuando no mesmo projeto, realizassem *toda* a sua comunicação por *e-mail* e até debatessem questões pormenorizadas *on-line* – embora estivessem todos sentados na mesma sala! Lembre-se também de que a comunicação entre os membros da equipe frequentemente contém ideias úteis e lições aprendidas, mas, a não ser que você tome medidas para arquivar os *e-mails*, elas tenderão a se perder no final do projeto.
Fatores de sucesso	Use o *e-mail* seletivamente para orientar os membros da equipe e para se comunicar com os principais *stakeholders*. Estabeleça listas de distribuição para certos membros da equipe de projeto ou *stakeholders*, de modo a tornar a comunicação nos projetos mais simples. Contudo, use ferramentas alternativas para gerenciar os projetos e especificamente para capturar as lições aprendidas principais. O sucesso está em perceber que o *e-mail* serve para a comunicação – e não muito mais do que isso.

7 *Blogs* e fóruns

O que são eles?	São *sites* especiais que permitem às pessoas fazer *login* e discutir ideias relacionadas a um assunto específico, na forma de uma linha de discussão em que os comentários mais recentes são exibidos primeiro. Os *blogs* podem ser criados na Internet ou na *intranet* da empresa e oferecem um lugar onde grupos de pessoas que trabalham juntas podem trocar ideias. Esses grupos são agora frequentemente referidos como comunidades de prática (CoPs – *communities of practice*).
Prós	Oferecem uma forma de discussão mais ampla do que os *e-mails*, pois a discussão fica aberta para outros verem e é capturada para referência futura de outras equipes. Os *blogs* funcionam particularmente bem quando se concentram em um assunto específico – às vezes referidos como grupos de interesse especial (SIGs – *special interest groups*).
Contras	A menos que exista um motivo claro para ir ao *blog*, muitas pessoas simplesmente não se dão esse trabalho; portanto, um chefe de equipe precisa estimular uma equipe a utilizá-lo e incorporá-lo em seus processos normais. Muitas vezes, os *blogs* funcionam melhor para equipes de TI, em que já existe uma cultura de troca de ideias e conhecimento, mas podem não funcionar tão bem em outras equipes ou departamentos.

Fatores de sucesso	Considere cuidadosamente se você utilizaria um *blog* e, em caso positivo, como o faria? O que o tornaria interessante e conveniente o bastante para fazê-lo funcionar dentro da comunidade de gerenciamento de projetos, quando a maioria das pessoas terá outros compromissos nos quais se concentrar? Talvez seja útil encontrar uma pequena equipe que esteja interessada em experimentar um *blog* sobre um assunto específico e ver como ela se comporta. Pense em implementar os *blogs* de sucesso dentro da empresa para um público mais amplo – os *blogs* parecem ganhar força pelas razões mais banais. Isso poderia aumentar o interesse pelos projetos e pelo gerenciamento de projetos em geral dentro da empresa.

8 Painel digital

O que é isso?	Painel digital é um termo que se refere à apresentação de dados de desempenho na tela de um computador – seja do PC do gerente ou de um projetor de LCD em uma reunião. O principal membro do comitê de projeto define as informações a ser exibidas em um painel de projeto.
Prós	Se for configurado corretamente, o painel digital fornecerá uma atualização instantânea sobre o andamento do projeto sempre que um membro da equipe fizer *login* em seu PC – "enviando" dados relevantes diretamente à pessoa com o maior nível de interesse ou necessidade. Nós, por exemplo, estabelecemos um sistema de produção de relatórios de gerenciamento de projetos em uma fundação do NHS. Além de gerenciar as reuniões de projeto, o uso de relatórios *on-line* em tempo real permitiu obter uma economia de 20% em tempo de administração, sem mencionar a quantidade de papel economizada. Alguns painéis podem apresentar dados em tempo real – ou seja, as informações ao vivo fornecidas ficam instantaneamente disponíveis para exibição e não precisam esperar para ser processadas como um "relatório".
Contras	Podem ser dispendiosos para configurar, pois normalmente os dados subjacentes precisam ser extraídos de outros bancos de dados e convertidos em um formato que torne possível sua exibição. Com muita frequência os dados não são relevantes para o usuário individual e podem não estar atualizados. Os painéis digitais também podem mudar radicalmente a cultura de uma empresa acostumada com reuniões prolongadas e com muito tempo para preparar relatórios. Essa mudança radical pode ser inquietante para alguns gerentes.
Fatores de sucesso	Investigue os prós e contras da criação de um painel de projeto para sua empresa – como ele seria, quais informações você desejaria apresentar e como ele apoiaria sua estrutura de gerenciamento de projetos? Uma vez configurado, certifique-se de que ele reflita as diferentes necessidades dos *stakeholders* que o utilizarão. Se as reuniões são problemáticas, então essas ferramentas podem ser muito úteis e as vantagens para a empresa na redução da carga administrativa podem ser enormes.

(Continua)

(Continuação)

9 Banco de dados de lições aprendidas

O que é isso?	Um repositório central das lições aprendidas a partir de iniciativas de projeto anteriores. Captura informações básicas sobre o projeto, o gerenciamento, as decisões tomadas, os riscos e as equipes envolvidas. Idealmente, também apresentará um "histórico" do que foi feito e por quê, qual foi o resultado (bom ou mau) e, talvez, o que a equipe faria de forma diferente na próxima vez. Poderia até mesmo ser vinculado às reuniões de avaliação de projeto.
Prós	É extremamente valioso para a empresa, como meio de capturar ideias de indivíduos e equipes antes que as esqueçam e passem a novos projetos ou trabalhos – ou, pior, saiam da empresa. Sem o uso ativo de um banco de dados de lições aprendidas, as empresas frequentemente repetem erros em termos de seleção de ideias ruins ou da implementção equivocada de novas ideias. O banco de dados deve fornecer informações para o próximo projeto em que você se envolver e colorir seu parecer apropriadamente. De fato, em uma grande empresa farmacêutica com que trabalhamos, é um procedimento operacional padrão (SOP – *standard operating procedure*) os gerentes de projeto, antes de iniciar um novo projeto, examinarem o "banco de dados de lições aprendidas em projetos" em busca de dicas, técnicas e projetos semelhantes.
Contras	Muitas vezes as equipes não investem tempo para parar, pensar e aprender, quanto mais para capturar as ideias visando à sua reutilização futura por outras pessoas. Ao final do projeto, muitos membros da equipe terão assumido outros compromissos e frequentemente não terão tempo. Mesmo quando as ideias são capturadas, as pessoas muitas vezes não acreditam que outras se darão o trabalho de examiná-las, de modo que são frequentemente desestruturadas e de pouco valor.
Fatores de sucesso	Torne a captura de ideias uma parte das reuniões de avaliação semanais com a equipe e certifique-se de que elas sejam identificadas e classificadas em um banco de dados central facilmente acessível. Não espere até o final do projeto para fazer isso, senão nunca será feito. Para dar vida ao banco de dados, certifique-se de que as futuras equipes sejam estimuladas a examiná-lo durante as fases iniciais de avaliação de ideias e planejamento de projeto. Em nossa opinião, os diretores e patrocinadores de projeto devem evitar o encerramento formal dos projetos até que o banco de dados de lições aprendidas tenha sido concluído.

Dica

Dica rápida Pessoas

Faça uma lista de pessoas e das habilidades específicas que podem ajudá-lo em futuros projetos.

Como mantenho o equilíbrio?

Não pare. Antes de procurar e investir no melhor e mais moderno, lembre-se de que a tecnologia é apenas um habilitador. Em última análise, o sucesso dependerá de sua capacidade de liderar outras pessoas, de seu comportamento e de como você interage com os outros.

Cuide para não ser arrastado para novas tecnologias rápido demais – deixe outros cometerem os erros, e então aprenda rapidamente. Por fim, se você decidir introduzir novos sistemas em sua equipe, pense cuidadosamente sobre os possíveis riscos – o que poderia dar errado?

PARE – PENSE – AJA

Talvez você já conheça muitas dessas tecnologias modernas, mas deve saber agora como cada uma delas pode ser utilizada para apoiar sua estratégia de gerenciamento de projetos com base nas melhores práticas identificadas anteriormente no livro. Use a tecnologia seletivamente para afetar o desempenho de uma maneira que minimize a complexidade, a burocracia e o custo. São as pessoas que tornam os projetos um sucesso, e não a tecnologia! Reflita sobre cada uma das tecnologias apresentadas e faça a si mesmo e à equipe as seguintes perguntas:

O que devemos fazer?	Como uma equipe de projeto, quais as nossas necessidades que a tecnologia poderia automatizar ou nos ajudar a suprir?
Onde precisamos investir?	Que tipo de tecnologia poderia atender às nossas necessidades?
De que recursos precisaremos?	Que nível de investimento seria necessário e quais são as opções disponíveis?
Qual é o cronograma?	Quando seria um bom momento para introduzir a nova tecnologia – existe uma "janela de oportunidade"?

Visite o *site* www.Fast-Track-Me.com para ter acesso à ferramenta de planejamento *on-line* deste livro.

Trabalho improvisado dentro de projetos

Professor David Birchall

"Existe a ideia de que o gerenciamento de trabalhos baseados em projeto está mudando do paradigma tradicional de 'planejar e, em seguida, executar o conteúdo do plano' para algo bem mais orgânico e menos mecanicista. Especificamente, existe a compreensão por parte dos gerentes de projeto e outros gestores de que todo trabalho é diferente, sendo afetado por influências externas que estão constantemente evoluindo e mudando e pela dinâmica de um ambiente organizacional cada vez mais turbulento.

Basicamente, os partidários e defensores do trabalho baseado em projeto estão despertando para a ideia de que as empresas são ambientes complexos e adaptáveis (para uma discussão mais aprofundada sobre organizações como sistemas adaptáveis e complexos, veja o trabalho de Ralph Stacey[1]), onde as rotinas e estruturas que foram aplicadas 'na última vez' podem não ser suficientes para solucionar ou resolver os problemas encontrados no projeto atual. Portanto, os gerentes de projeto competentes e/ou progressistas estão 'improvisando' para satisfazer os requisitos atuais.

A improvisação tem sido definida de várias maneiras, incluindo 'a concepção da ação conforme ela se desenrola, por uma empresa e/ou seus membros, recorrendo aos recursos materiais, cognitivos, afetivos e sociais'[2]. A inferência aqui é que decidir o que fazer e fazê-lo são coisas quase simultâneas, e, na realidade, os improvisadores experientes recorrem a uma biblioteca pessoal de intervenções que funcionaram anteriormente em outras ocasiões e as alteram de acordo com as novas circunstâncias.

Muitas ideias que apoiam essa teoria vêm da literatura sobre a 'lógica' organizacional (o trabalho de Karl Weick exerce influência aqui), e no final dos anos 1990 os componentes do trabalho improvisado foram identificados. Basicamente, os três primeiros elementos-chave são: **criatividade**, envolvendo um componente do pensamento lateral para conceber uma solução; **intuição**, pois frequentemente a ação é baseada em um 'pressentimento' do que funcionará em uma situação particular; e **bricolagem**, um componente menos conhecido que compreende basicamente 'realizar o melhor trabalho que você puder, com os recursos que tiver em mãos'. A bricolagem

[1] Stacey, R. D. (1996), Complexity, Creativity and Management, San Francisco, CA: Berrett-Koehler.

[2] Cunha, M. P., Cunha, J. V. e Kamoche, K. (1999), "Organizational improvisation: what, when, how and why", International Journal of Management Reviews, 1 (3), 299–341.

é importante porque os gerentes de projeto tendem a não ter tempo para mobilizar recursos adicionais ao conceber e executar ações simultâneas.

Posteriormente, mais quatro componentes foram revelados. São eles: **adaptação**, definida como o ajuste de uma rotina ou ação a condições novas ou diferentes; **condensação**, normalmente envolvendo simplificação ou redução de etapas para economizar tempo; **inovação**, exigindo o desvio de práticas ou conhecimento existente; e **aprendizado**, que desencadeia ou informa uma mudança sistemática nos comportamentos futuros.

Basicamente, os gerentes de projeto combinam esses elementos para reagir às ocorrências não planejadas dentro dos projetos, e os improvisadores experientes sabem como resolver ambiguidades dessa maneira. As empresas precisam idealizar uma estrutura dentro da qual a improvisação possa acontecer e essa estrutura possa ser relaxada ou afrouxada à medida que os gerentes desenvolvam confiança na improvisação dos funcionários. Existe a necessidade de desmantelar os estilos de gerenciamento evidentemente controladores, a fim de possibilitar aos funcionários tempo e espaço para experimentarem novas maneiras de realizar as tarefas designadas.

Assim, a improvisação é uma extensão da tendência em direção ao relaxamento do controle dentro das empresas modernas, permitindo o acesso ao conhecimento tacitamente mantido dos gerentes experientes. ”

Capítulo 5

Implementação da Mudança

Vamos supor que até agora os projetos em sua empresa tenham sido pessimamente planejados e implementados. Nesse contexto, o normal são atrasos e orçamentos estourados. Esse é o ambiente que você tem de mudar. Com "ambiente" queremos dizer aquilo que afeta todos os projetos em sua empresa ou aquilo que afeta apenas os que sua equipe de projeto executa. Em ambos os casos, essa estratégia de gerenciamento de projetos integrado será benéfica. Ela envolverá pôr em prática processos que são novidade para as pessoas e pedir a elas que mudem, talvez substancialmente, a maneira de trabalhar. Eis por que é tão útil refletir sobre o gerenciamento da mudança – como você convence as pessoas a fazer as coisas de forma diferente, particularmente se na opinião delas tudo está indo bem até o momento?

Quando atrasos e estouros de orçamento são a regra, as pessoas acreditam realmente que não é possível fazer mudanças para melhorar o desempenho. Bem, pelo menos algumas delas; as outras são seus apoiadores e, portanto, trazê-las para o seu lado é o segredo do gerenciamento da mudança.

Assim, o que deve mudar em relação ao ambiente de projeto? Talvez você queira usar o processo de gerenciamento de projetos integrado (veja a figura na próxima página), comentado no Capítulo 3 (veja a página 52).

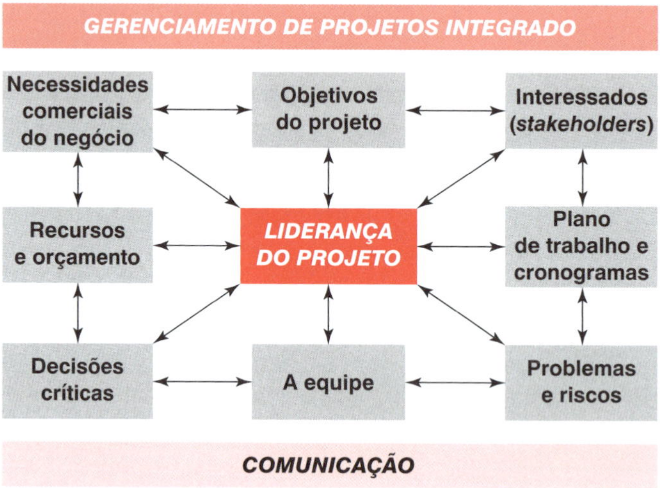

O ponto de partida lógico é a introdução dos elementos da estrutura integrada que são mais urgentemente necessários. Ao entrarmos nas empresas, descobrimos que a área com que a maioria dos membros da equipe de projeto se debate é a primeira etapa da estratégia integrada: concordar com as necessidades comerciais de negócio e com os benefícios que o projeto precisa gerar. Logo, este poderia ser nosso ponto de partida – melhorar a capacidade da empresa de refletir as necessidades comerciais dentro de todos os projetos. Se usarmos isso como exemplo de como mudar o ambiente de projeto, você pode usar a ferramenta de auditoria do Capítulo 2 para priorizar as áreas que irá abordar.

Os membros da equipe de projeto, particularmente as pessoas com habilidade técnica especializada, podem achar que não precisam saber qual é o *business case* ou como o projeto levará a empresa adiante. Para essas pessoas, sua função se resume a executar as tarefas que o gerente de projetos atribui, sendo que qualquer tempo gasto discutindo coisas que não compreendem bem, como o retorno sobre o investimento, é considerado tempo perdido. Se, como nós, você acredita firmemente que as pessoas envolvidas em projetos apresentam um resultado final de melhor qualidade quando entendem o contexto comercial em que estão operando, então precisa garantir que as necessidades comerciais sejam integradas em cada projeto realizado na empresa.

Quando você tiver terminado seu trabalho de preparação, convoque uma reunião com os principais interessados, para abrir a discussão sobre as necessidades comerciais. Ponha em prática as ações a serem executadas pelos membros de todas as equipes de projeto e tente obter, junto ao gerente funcional para quem o projeto está sendo implementado, sua concordância com relação às necessidades comerciais. O segredo é certificar-se de que seus comentários iniciais expliquem por que compreender essas necessidades é parte do processo fundamental para todos os envolvidos:

- **Membros da equipe individuais.** Saber mais sobre o negócio seguramente aumentará sua valorização para essa e qualquer outra empresa. Trabalho desnecessário também poderá ser evitado se um membro da equipe perceber que algumas atividades do plano não estão impulsionando as necessidades comerciais e, portanto, podem ser rejeitadas.
- **A equipe.** É muito mais provável que a equipe tenha ideias úteis, que ajudem a implementar o projeto, se ela compreender o que os gerentes funcionais estão tentando obter. Após o projeto, não há muito sentido em vangloriar-se de que sua análise do caminho crítico mostrou-se correta; ninguém estará interessado. Mas há um prestígio considerável no cumprimento dos objetivos de um projeto que gera renda, proporciona um melhor atendimento ao cliente ou resolve algum problema que os altos gerentes conhecem há algum tempo.
- **A empresa.** É muito mais provável que o projeto traga benefícios reais para a empresa se toda a equipe conhecer as necessidades comerciais e o *business case*.

Frequentemente é uma boa ideia convidar o patrocinador do projeto a participar dessa primeira reunião, para que explique quais são os problemas na administração de sua parte da empresa e como ele espera que o projeto seja útil. Segundo nossa experiência, os projetos cuja importância é explicada por um diretor da empresa têm maior probabilidade de apresentar o valor comercial exigido, dentro do prazo.

Voltemos agora à preparação. Antes de tal reunião, você saberá quem irá resistir a essa mudança fundamental e quem provavelmente a acolherá de maneira positiva, como algo obviamente sensato a ser feito. Os defensores são chamados de "agentes da mudança", e há uma boa regra empírica que diz que, se 20% de todas as pessoas afetadas pela mudança são defensores, então é razoável a chance de que você promova a mudança rapidamente com a ajuda delas. Com menos do que isso, talvez seja melhor começar em algum outro lugar. Esse processo é frequentemente chamado de análise de *stakeholders* (veja a página 61).

> Dica
>
> **Dica rápida** Restrições
>
> Encare as restrições de maneira lógica – utilize uma abordagem processual compatível para enfrentar problemas como gravidade, impacto ou cronologia, e evite reações emocionais.

PLANEJANDO AS MUDANÇAS

Continuando com o exemplo das necessidades comerciais, precisamos agora garantir que todo projeto futuro inclua essa parte da estrutura integrada. Isso pode ser obtido de diversas maneiras:

- **Na reunião de planejamento, insira um item na agenda que informe detalhadamente as necessidades comerciais.** Certifique-se de que todos os projetos utilizem um modelo homogêneo para a condução das reuniões, de modo que todos eles incluam esse item na agenda. Estabeleça esse modelo e certifique-se de que ele se torne obrigatório para todos os projetos na fase de pré-planejamento ou de planejamento.
- **Estabeleça um gatilho para todos os gerentes de projeto, a fim de identificar seus patrocinadores de projeto, e esforce-se ao máximo para que eles participem da reunião de planejamento inicial com a equipe de projeto.** O gerente de projeto deve informar o patrocinador do projeto de que seu papel nas reuniões é mostrar a todos os membros do projeto o valor comercial desse projeto. Esse gatilho deve constar em um guia de procedimento operacional padrão (SOP – *standard operating procedure*) ou manual de melhor prática para todos os gerentes de projeto.
- **Informe a todos os altos gerentes sua função como patrocinadores de projeto e a importância de relacionar todos os projetos a uma necessidade comercial.** Isso precisa ser decomposto no SOP, para nomear um patrocinador de projeto.

- **Faça uma análise de *stakeholders* na primeira oportunidade.** Uma tabela (como a do Capítulo 3, na página 44) precisa se tornar obrigatória e todos os gerentes de projeto devem preenchê-la com a equipe de projeto básica, antes do estágio de planejamento do projeto.
- **Dê aos agentes da mudança, isto é, aqueles interessados que são defensores do projeto, uma função formal dentro da equipe de projeto.** Faça isso mesmo que seja apenas para comunicar os benefícios comerciais do projeto dentro da empresa como um todo.

Quando essas ações estiverem formalizadas e constarem em um manual de SOP ou em um guia de projeto, você estará convencido de que teve um bom começo na implementação de uma eficiente estrutura integrada de gerenciamento de projetos. Contudo, o objetivo é mudar comportamentos, e não apenas colocar palavras no papel; portanto, algo mais é necessário.

Caso real Banco internacional, história de Roy

Narrador Roy foi nomeado para liderar o escritório de projetos (PMO) central de um banco internacional baseado em Londres, tendo em vista implantar na empresa princípios de gerenciamento de projetos de melhor prática.

Contexto Recentemente, o banco havia recrutado uma equipe de gerentes de projeto experientes para estabelecer um PMO, localizado na matriz, em Londres.

Problema A mudança cultural exigida no banco para a adoção de um conjunto comum de práticas de gerenciamento de projetos através de uma rede global era gigantesca. Além disso, tudo que vinha da matriz era visto com certo ceticismo.

Solução Sob a liderança de Roy, o PMO gerou um manual de gerenciamento de projetos impresso e em vídeo, além de organizar uma oficina de treinamento para consolidar o uso do processo. Além disso, Roy "emprestou" gerentes de projeto experientes do PMO para projetos grandes, a fim de conferir apoio físico e, assim, superar a resistência das empresas operantes.

Aprendizado Embora seja fundamental capturar novos processos em um manual de SOP, as mudanças também devem ser "vendidas".

GARANTINDO O SUCESSO

Mantendo o plano no rumo

Como você controla o que está acontecendo? Uma vez lançado o projeto, sua principal função como gerente de projeto é mantê-lo no caminho certo. Lembre-se do antigo ditado militar: "Nenhum plano sobrevive ao contato com o inimigo" – ou seja, a mera elaboração um plano, por mais cuidadosa que seja, não garante que ele correrá tranquilamente ou mesmo que irá funcionar. Você precisa criar um sistema de realimentação, um mecanismo por meio do qual possa gerenciar e harmonizar três elementos distintos:

- **planos** – cronogramas e tarefas
- **pessoas** – *stakeholders* e tarefas atribuídas
- **desempenho** – os objetivos, as metas e a qualidade do projeto.

Um processo simples é o ciclo planejar-fazer-verificar-agir – abreviado no acrônimo PDCA (*plan-do-check-act*). Trata-se de uma estratégia de aprimoramento contínuo cujo propósito é monitorar e gerenciar um projeto ou uma equipe (veja a figura a seguir).

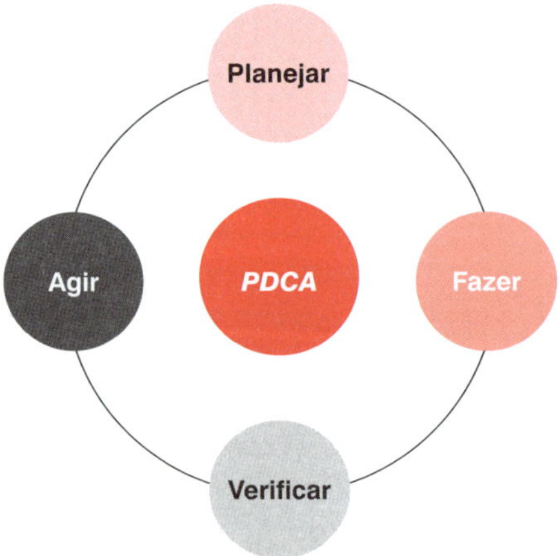

- **Planeje** seus projetos e produtos – o gráfico de Gantt, a análise do caminho crítico e a estrutura desmembrada de trabalho (WBS) são representações visíveis dessa etapa.

- **Faça** as tarefas, usando os recursos necessários.
- **Verifique** o andamento de todos os projetos nos marcos ou portões que você tiver incorporado ao plano. Esses são os pontos em que dificuldades ou problemas podem surgir, exigindo uma retificação nos planos. Seu esforço deve ser despendido no gerenciamento das mudanças e dos problemas, e não na verificação do progresso; portanto, quanto mais você puder automatizar ou delegar a verificação das atividades, melhor.
- **Aja** para solucionar os problemas levantados na etapa de verificação. Isso envolverá novas decisões, ações ou replanejamento – tudo com o objetivo de colocar os projetos de volta nos trilhos, para cumprir seus objetivos e metas.

Dica

Dica rápida Estrutura desmembrada de trbalho

Ao criar uma WBS, você pode usar um formato de lista com recuo ou um formato de organograma. Esse último é útil para estabelecer o escopo do projeto inteiro.

Relatórios e rotinas

Como parte do esforço para simplificar o processo de verificação, você deve procurar estabelecer uma agenda de reuniões regulares, além das reuniões de fim de processo de *stage-gate* formais. Para fazer com que essas reuniões deem certo, tente assegurar que você tenha um modelo padrão para preparar, realizar e dar seguimento a cada reunião. Veja se sua empresa tem um modelo de agenda ou um modelo de atas e se você pode adaptá-los de acordo com as necessidades de seu programa de mudança.

Além dessas reuniões, pense em elaborar informes resumidos, para manter as pessoas atualizadas com o andamento e com os problemas do projeto. Descrevemos aqui uma distinção entre reuniões e informes resumidos:

- As **reuniões formais** precisam ser planejadas e desdobradas em gráficos de Gantt e estruturas desmembradas de trabalho. Elas são utilizadas para verificar formalmente o progresso e para tratar dos problemas identificados no monitoramento do desempenho.

- Os **informes resumidos** (ou *briefings*) podem ser atualizações de cinco minutos, rápidas e simples, para manter as pessoas informadas da situação. Faça uma distinção entre os dois e planeje de acordo com o instrumento.

LIDERANDO A MUDANÇA

Introduzindo uma estrutura de gerenciamento de projetos

Lembre-se de que são as pessoas que executam projetos, e não sistemas, *softwares* ou processos. Com isso em mente, certifique-se de ser flexível e receptivo às necessidades dos *stakeholders* e da equipe de projeto. Pense a respeito de seu estilo de gerenciamento e da liberdade que dá às suas equipes no que diz respeito a tomar decisões e agir.

Frequentemente esse estilo é refletido nos pormenores que os gerentes de projeto exigem na estrutura desmembrada de trabalho (WBS). A WBS será abordada com mais detalhes no *Kit* de ferramentas do diretor, na página 185, mas, resumidamente, você precisa certificar-se de que, ao planejar suas mudanças (ou quaisquer projetos em geral), esse processo não seja detalhado demais. Se você detalhar o projeto demasiadamente, correrá os seguintes riscos:

- **Você vai açoitar as próprias costas.** Em última análise, você, como gerente do projeto, terá de certificar-se de que todos os elementos presentes na WBS sejam executados. Assim, quanto mais elementos colocar nela, mais coisas terá de verificar.
- **Detalhes demais reduzem a flexibilidade para sua equipe.** Se a equipe já tiver uma maneira eficiente de executar uma tarefa da WBS, mas você tiver ampliado os detalhes sobre *como* ela deve ser executada, então desperdiçará essa oportunidade e aquela habilidade. Certifique-se de dizer às pessoas apenas *o que* fazer, e não *como* fazer: uma coisa é conteúdo, a outra é estilo.
- **Ser prescritivo demais desmotiva as pessoas.** Se você confia em seu pessoal para fazer um bom trabalho, então não permita que o gerenciamento de projeto seja percebido como um instrumento para supervisionar seu comportamento.

Contudo, também existem riscos em não fornecer orientações suficientes dentro da WBS:

- A falta de detalhes suficientes para membros inexperientes da equipe pode levar à indecisão e a atrasos nas agendas do projeto.
- Membros da equipe entusiastas podem trabalhar muito em coisas erradas, ou não fazer o suficiente do que é certo, caso a WBS e as diretrizes sejam vagas demais.
- Você corre o risco de não cumprir os objetivos do projeto se as tarefas planejadas tiverem um "nível alto demais".

Em última análise, trata-se de um equilíbrio da quantidade de detalhes que você não abre mão de exigir, enquanto gerente, e isso mostrará se seu estilo de gerenciamento é flexível ou rígido. O nível certo virá com a experiência e também a partir do conhecimento que você tem das pessoas com as quais está trabalhando.

Como líder, não se coloque em uma situação embaraçosa, usando ferramentas e técnicas de projeto à custa do avanço do projeto. Use certas técnicas se elas agregarem valor, mas seja flexível e sempre procure atalhos e maneiras melhores de fazer as coisas. Frequentemente sua equipe pode ser a melhor fonte dessas ideias; portanto, explore o lado criativo dela o máximo que puder e não se restrinja, apegando-se a processos de forma demasiadamente rígida.

Dica

Dica rápida Restrições

Explique as restrições e os fatores limitantes a todos que aceitem fazer parte do projeto. Não oculte nenhuma restrição; forneça a todos o quadro completo.

Gerenciando a mudança e a resistência

Em grande medida, o gerenciamento da mudança, por ser o que é, consiste em superar a resistência, os medos e as objeções das pessoas quanto a seu plano. Descobrimos que é proveitoso estar mentalmente preparado ao implementar mudanças em uma empresa, pois nem todos pensarão como você. É preciso lidar com a resistência à mudança das pessoas, e não tentar evitá-la.

Para tanto, muitos clientes bem-sucedidos têm adotado a curva DREC como uma maneira de entender as atitudes das pessoas em relação às mudanças. DREC (*denial, resistance, exploration, commitment* – respectivamente, negação, resistência, exploração, comprometimento) representa as quatro "emoções" que você pode encontrar ao introduzir uma mudança – por exemplo, uma nova estrutura de gerenciamento de projetos:

- Negação
- Resistência
- Exploração
- Comprometimento

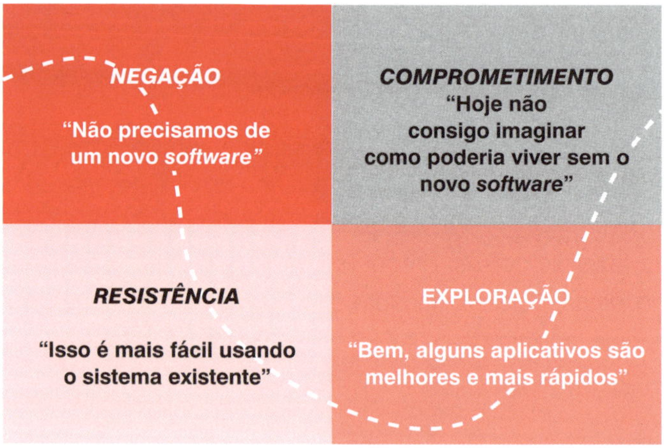

Na figura anterior, as declarações ilustram reações fictícias a um evento, mas o importante é a curva que percorre os quatro quadrantes. O modo como você gerencia essas reações é fundamental para a implementação harmoniosa da mudança. Assim, no exemplo de uma nova estrutura de gerenciamento de projetos, você poderia tentar as seguintes estratégias:

- **Negação.** Inicialmente, a equipe poderia dizer, "Não precisamos de uma estrutura de gerenciamento de projetos" ou "Essa estrutura será um desperdício de tempo e esforço". Nesse estágio, muitos comentários são emocionais e não racionais, sendo confirmações do medo da mudança. Muitos clientes nos informam que, nessa etapa, frequentemente é melhor permitir que os colegas externem seus temores e "vociferem". Sua função como dono do projeto é passar por esse estágio de forma mais rápida e menos dolorosa possível, *não* bater de frente com manifestações de negação, o que só poderia prolongar as questões e criar oponentes.

- **Resistência.** Nesse estágio talvez haja uma aceitação tácita da necessidade de mudança, mas sua relevância pode estar limitada à pessoa em questão. "A estrutura pode ser útil para você, mas não para meu departamento" ou "Bem, você terá que fazer isso em seu horário e com seus recursos, pois não é necessário para minha equipe" são as declarações que você poderá ouvir nessa etapa. Sua função como líder da iniciativa é fazer com que os antagonistas compreendam os benefícios de sua estratégia e conseguir que eles ao menos explorem certos cenários e oportunidades.
- **Exploração.** Sua função nesse estágio é expandir as áreas nas quais o antagonista poderia achar sua estrutura de gerenciamento de projetos útil, ainda que em uma escala limitada. Isso pode consistir em vender os benefícios da estrutura e mostrar como ela poderia resolver problemas para a pessoa. Poderia consistir em fazê-la utilizar a estrutura de forma restrita ou experimentá-la apenas por um tempo limitado – uma "degustação" sem nenhum comprometimento nesse estágio.
- **Comprometimento.** Em última análise, é aqui que queremos que as pessoas cheguem – à aceitação de que sua estrutura é fundamental para a execução de projetos dentro da empresa – estrutura sem a qual não poderiam executá-los. Contudo, não procure elogios ou recompensas, pois esse poderia ser outro caminho tortuoso. Sua recompensa deve ser a implementação de sua iniciativa.

Em resumo, aqueles que utilizam a curva DREC referem-se ao papel do líder como sendo o de levar as pessoas ao quarto quadrante de forma mais rápida e menos dolorosa possível, mas tendo primeiro de passar pelos três quadrantes anteriores. Não existem quadrantes que possam ser "pulados" – não existe um salto fácil da negação para o comprometimento. Uma vez que você entenda como a resistência à mudança se manifesta, poderá se concentrar no processo pelo qual irá implementar sua estrutura integrada de gerenciamento de projetos.

FATORES CRÍTICOS DE SUCESSO

Como podemos aumentar nossas chances de implementar uma eficiente estrutura integrada de gerenciamento de projetos?

- **Comece o programa de mudança com uma "vitória rápida".** "Nada melhor do que iniciar com sucesso"; portanto, tente pegar alguma "fruta ao alcance da mão" em termos de metas ou objetivos facilmente realizáveis. Isso motivará a equipe. Comunique esses sucessos amplamente.
- **Obtenha o comprometimento ativo da equipe da alta direção de sua empresa.** O programa de mudança é um projeto voltado para dentro e, portanto, você deve obter algum apoio interno. Quanto mais alto, melhor.
- **Desenvolva um sistema ou processo para ajudar na produção de relatórios, no monitoramento e na comunicação.** Essas atividades são comuns a todos os tipos de projeto. Coloque-as em prática e sua carga administrativa como gerente de projeto será reduzida.
- **Concentre-se nos objetivos de valor elevado que se enquadrem na necessidade comercial atual.** Você está ciente da necessidade de uma estrutura integrada de gerenciamento de projetos, mas quais problemas comerciais específicos podem ser resolvidos? Eles devem ser seu alvo.
- **Recompense as pessoas por compartilhar ideias e maneiras de fazer as coisas.** Como os programas de mudança são voltados para dentro (e não para o cliente), procure obter ideias de todo o pessoal e recompense aqueles que sugerirem boas ideias, independentemente de estarem ou não em sua equipe de projeto.
- **Use o programa de mudança como uma maneira de avaliar o desempenho de suas equipes de projeto.** Isso o ajudará a selecionar aqueles que serão recrutados para projetos importantes voltados ao cliente.
- **Desenvolva habilidades para melhorar a qualidade do trabalho realizado pelas pessoas no gerenciamento de projetos.** Isso melhorará a eficácia e a eficiência globais da estrutura/infraestrutura de gerenciamento de projetos.
- **Comunique, comunique, comunique.** Sempre e frequentemente.
- **Avalie o progresso e o desempenho de forma regular e padronizada.**
- **Aprenda com seus fracassos, assim como com seus sucessos.** Mantenha um registro das "lições aprendidas" para ajudar a equipe de projeto e para melhorar os projetos que realizar.

Dica rápida Monitoramento

Monitorar o projeto é uma tarefa constante. Estabeleça um bom processo de produção de relatórios desde o primeiro dia, pois os problemas podem ocorrer a qualquer momento ao longo do caminho.

PARE – PENSE – AJA

Depois de ler este capítulo, você saberá que implementar uma estratégia ou metodologia de gerenciamento de projetos integrada não é necessariamente um processo rápido ou fácil. Ela precisa ser planejada e implementada usando--se uma abordagem disciplinada. Use a auditoria de equipe do Capítulo 2 para identificar as lacunas em sua estratégia de gerenciamento de projetos atual (lembre que existe uma auditoria de equipe mais abrangente no *Kit* de ferramentas do diretor, na página 187). Em seguida, identifique as ações que você precisará executar a fim de que seu projeto tenha êxito.

O que devemos fazer?	Que estágios e tarefas são apropriados?
Quem precisamos envolver?	Quem precisa estar envolvido e por quê?
De quais recursos precisaremos?	Que informações, instalações, materiais, equipamentos ou orçamento serão necessários?
Qual é o cronograma?	Quanto tempo cada atividade normalmente levará?

Visite o *site* www.Fast-Track-Me.com para ter acesso à ferramenta de planejamento *on-line* deste livro.

O gerenciamento de projetos é um problema ou uma oportunidade?

Professor Stephen Wearne

“O gerenciamento de projetos é fácil. Dê às pessoas o que precisam, quando quiserem. Para tanto, pergunte o que elas acham que querem, concordando com um escopo e com a maneira de entregá-lo, aplicando lições sobre como lidar com as incertezas, organizando os recursos necessários, verificando se o cliente está disposto e pronto para fazer o que precisa ser feito, convivendo com ele para ver se o cumpre ralmente, preparando-o para o que ele recebe e sempre se ajustando ao que acontece.

Por que então o gerenciamento de projetos é, em grande medida, um 'combate a incêndios' – ter de encontrar maneiras de superar as ameaças imediatas à entrega do projeto pretendido, o que poderia ter sido antecipado? Um questionamento às pessoas sobre projetos nos setores de construção, manufatura, processos e serviços da Europa Ocidental revela que elas sofrem muitas ameaças à entrega bem-sucedida de projetos[1]. As maiores ameaças estão relacionadas a problemas de função, comunicação, liderança, supervisão, trabalho em equipe e confiança – os quais podem ser classificados como problemas *organizacionais*. Os problemas de *tempo* e *recursos* também são enormes, e depois deles vêm os problemas de *definição do projeto*, *custo*, *contratos* e *mudança*. Em contrapartida, *risco*, *qualidade* e *segurança* não são considerados problemas importantes.

Os dados de diferentes ramos de atividade são bastante semelhantes, mesmo com diferentes tipos de empregador e tamanho de projeto, e mais de 18 anos de investigação. Assim, esses problemas maiores parecem ser tipicamente uma característica do trabalho de projeto, pelo menos nas culturas ocidentais representadas nesses dados. No decorrer das últimas décadas, o crescimento da preocupação das áreas industrial e profissional com as necessidades dos projetos indica uma conscientização muito maior sobre os problemas em potencial e sobre como administrá-los. Isso deve ter reduzido o impacto dos problemas e aumentado a confiança em seu controle, embora essas mesmas categorias de problema persistam. Eles continuam a ser uma definição das principais tarefas do gerenciamento de projetos. Embora a palavra 'único' seja utilizada em algumas definições sobre o que um projeto é, muitos escritores observam que os ciclos de vida de todos os tipos de projeto são semelhantes. Assim também podem ser os problemas, que precisam ser antecipados e controlados do começo ao fim, em qualquer projeto.

A maioria dos problemas relatados se deve às práticas adotadas dentro das empresas – hábitos institucionais e decisões imprudentes. Portanto, poderiam ser evitados e o combate a incêndios poderia se tornar desnecessário ou, pelo menos, ser consideravelmente reduzido. Logo, a primeira tarefa do gerenciamento de projetos deve ser examinar as causas dos problemas em potencial relacionados a função, comunicação, liderança, supervisão, trabalho em equipe e confiança. Acima de tudo, isso exige habilidades de relações organizacionais. ”

[1] Hussain, R. e Wearne, S. H. (2005), "Problems and needs of project management in the process and other industries", *Transactions of the Institution of Chemical Engineers – Research and Design*, 83 (4) 372–8.

Parte III

Via Expressa para a Carreira

O que quer que tenha decidido fazer em termos do desenvolvimento de sua carreira como gerente, para ter sucesso você precisa assumir o controle, planejar antecipadamente e se concentrar nas coisas que realmente farão diferença. Você precisa se perguntar como é admitido no grupo de talentos de sua empresa.

As dez primeiras semanas de uma nova função serão cruciais. Haja corretamente e você terá um início auspicioso e provavelmente bem-sucedido. Haja erradamente e você se encontrará pressionado e até correrá o risco de ser dispensado muito rapidamente. Planeje esse período inicial para não ser dominado pela enorme quantidade de detalhes que inevitavelmente o tomarão de assalto em sua chegada. Certifique-se de que as prioridades das outras pessoas não o afastem do rumo que você mesmo definiu.

Uma vez que você tenha se acomodado em sua nova função e ganhado a confiança de seu chefe e da equipe, poderá começar a fazer as coisas acontecer. Primeiro, concentre-se em seu estilo de liderança e em como ele precisa mudar para combinar com a nova função; em seguida, concentre-se na equipe. Ela é composta das pessoas certas e, em caso positivo, o que as fará trabalhar mais eficientemente como uma equipe de projeto?

Por fim, no momento apropriado, você precisa pensar sobre a próxima mudança em sua carreira e se está interessado em chegar ao topo, tornando-se diretor de uma empresa. Esta atividade não pode ser assumida por qualquer um, pois o comprometimento, o tempo e o estresse associados podem ser difíceis de assimilar, mas o senso de responsabilidade e liderança pode ser enormemente recompensador.

Até aqui, você se concentrou no desempenho – agora é hora de considerar sua carreira.

Capítulo 6

As Dez Primeiras Semanas

As dez primeiras semanas em uma nova função como líder de uma equipe de projeto provavelmente são as mais críticas – aja errado e você correrá o risco de fracassar, aja corretamente e você apreciará sua nova função e prosperará. O que você precisa fazer, onde deve se concentrar e o que deve evitar a todo custo?

Para a maioria das pessoas o gerenciamento de projetos é uma função de 'tempo parcial'. Com isso queremos dizer que elas são solicitadas a gerenciar um projeto ou uma série de projetos, além de suas atividades diárias. Também existem muitas pessoas que são profissionais de gerenciamento de projeto ou de programa em tempo integral, para as quais o gerenciamento de projetos é sua disciplina básica. Se você é iniciante no gerenciamento de projetos, além de lidar com suas atividades normais, como vai conseguir fazer a diferença nas dez primeiras semanas?

Vamos responder isso fazendo outra pergunta – o que acontecerá se você não fizer nenhum progresso nas dez primeiras semanas ou, pior ainda, progredir na direção errada? Se sua resposta a essa pergunta é que tal situação é impensável, você precisa agora se perguntar o seguinte:

- O que preciso fazer?
- Onde devo concentrar meu esforço e minha atenção?
- O que devo evitar a todo custo?

Para assumir o controle, um gerente que utiliza a Via Expressa procurará entender os principais fatos, construir relacionamentos e desenvolver mecanismos simples de monitoramento e controle – estabelecendo processos simples, mas eficientes, para entender como as coisas estão progredindo e no que os gerentes de linha estão se concentrando. As tecnologias modernas podem simplificar essas tarefas, mas nada substitui conhecer as pessoas, formar bons relacionamentos de trabalho com elas e criar uma cultura apoiadora.

O melhor exemplo que encontramos disso foi um novo diretor de vendas de uma empresa de telecomunicações do Reino Unido. Nós o tínhamos conhecido alguns anos antes, em outra empresa. Certo dia, o vimos na saída de emergência da empresa, cachimbo na mão, falando com os fumantes que usavam aquele lugar como área para fumantes. Em um momento tranquilo, perguntamos a ele quando tinha começado a fumar cachimbo. "Eu não comecei", respondeu ele, "Uso isso apenas como desculpa para ter contato com os fumantes na saída de emergência". Quando perguntado o que pretendia com isso, ele explicou que os fumantes frequentemente eram as pessoas mais bem informadas na empresa, pois utilizavam os intervalos para fumar e discutir problemas organizacionais e boatos sobre quase todos os departamentos. Esse diretor de vendas havia criado uma rede informal a partir dos usuários de tabaco na saída de emergência. Ele nunca acendia seu cachimbo realmente, e temos certeza de que os fumantes percebiam seu jogo, mas que gostavam de ter um diretor lá presente, sozinho, discutindo a empresa com eles.

Em seu novo cargo, talvez você precise escolher e usar diferentes estilos de liderança, de acordo com as situações de projeto específicas. Fazer a escolha certa é uma habilidade que vem com a experiência. Muitos iniciantes no gerenciamento de projetos acreditam que, como receberam o papel de "gerente de projeto" e possuem uma cópia do *software* de projetos mais recente, as pessoas executarão suas ordens automaticamente. Nada poderia estar mais distante da realidade. As pessoas é que tornam os projetos bem-sucedidos, e não *softwares* ou sistemas. Desenvolver relacionamentos de trabalho é um primeiro passo vital em sua "carreira" – em tempo parcial ou integral – no gerenciamento de projetos.

MUDANDO DE FUNÇÃO

Por que esse é um momento crítico?

Quando você inicia em uma nova função ou em um novo trabalho, seja na empresa onde já está ou ao ingressar em outra, tem a oportunidade de causar uma impressão positiva nos outros. Contudo, lembre-se de que você só terá uma

Caso real **Corporação alemã especializada no setor químico, história de Chris**

Narrador Chris foi contratado como consultor, principalmente para ajudar a melhorar os projetos de *marketing*, mas, como os princípios que utilizava eram prontamente adotados por outros departamentos, ele foi convidado a examinar projetos em um nível mais estratégico, usando um conjunto de ferramentas flexível.

Contexto Uma empresa alemã especializada em produtos químicos havia sido separada de sua matriz, e os proprietários (um banco comercial [*merchant back*]) desejavam aumentar o valor da empresa antes de uma venda corporativa ou flutuação no mercado de ações.

Problema Exercia-se grande pressão para acelerar a entrega de projetos, a fim de aumentar o valor da empresa antes de uma venda a investidores ou de uma flutuação no mercado de ações. Todos os projetos tinham tramitação rápida. Contudo, era tão forte o foco em fazer as coisas "de acordo com as regras" que os gerentes de projeto tinham deixado de prestar atenção à necessidade comercial. Por exemplo, era lançado no mercado um novo produto químico já completamente obsoleto porque um concorrente recém havia lançado um produto semelhante.

Solução Apesar da pressão por resultados rápidos, Chris identificou que todos os projetos tinham de estar vinculados às necessidades presentes do mercado e satisfazer exatamente os requisitos do cliente. Se isso significava modificar ligeiramente a metodologia de gerenciamento de projetos para fazer a coisa certa, então que assim fosse: os objetivos comerciais envolvidos deviam ser o mais importante. Chris recomendou que todos os gerentes de projeto preenchessem um passaporte de projeto, identificando a necessidade comercial/do mercado – o que deveria ser atualizado mensalmente.

Aprendizado A cultura da empresa era fundada na rígida observância dos princípios e procedimentos, mesmo que isso custasse fazer a coisa certa. Os gerentes de projeto tinham de aprender a ser flexíveis em sua conduta e a prestar atenção no mercado.

chance de causar essa primeira impressão[1] – aja errado nos primeiros meses e isso poderá afetar suas relações com os outros por um longo tempo. Enquanto trabalhava no NHS, Simon encontrou um gerente de projeto cujo apelido era "Shouty" (algo como "Gritão", em português). Ele perguntou se o apelido era alguma ironia, pois o gerente parecia ser o mais plácido e calmo de todos os ge-

[1] Watkins, Michael (2003), *The First 90 days*, Boston MA: Harvard Business School Press.

rentes da fundação do NHS. Simon foi informado de que, quando ingressou na fundação, Shouty tinha o hábito de dar ordens às pessoas aos gritos. Ao perguntar-lhe há quanto tempo estava lá, a resposta foi: 12 anos. Na verdade, Shouty não havia berrado ordens ao longo desses 12 anos, mas a primeira impressão é a que fica – nem que seja em um apelido.

Durante um período de transição, a equipe em que você ingressará normalmente terá algumas ideias preconcebidas a seu respeito. As pessoas podem ter mente aberta e estar dispostas a experimentar novas ideias: elas dão a você o benefício da dúvida. Vemos esse fenômeno frequentemente, quando consultores são chamados para resolver um problema empresarial crítico. Muitas vezes, eles dizem exatamente as mesmas coisas que alguns dos gerentes internos, mas, como pessoas de fora, suas visões são respeitadas e acatadas. Aliás, é uma prática aceita, embora controvertida, chamar consultores para se encarregar das más notícias, como o fechamento de um departamento, mesmo que os gerentes internos saibam que isso precisa ser feito. A lição a aprender com isso é que, se vai haver más notícias, procure identificá-las rapidamente, para que você possa anunciá-las antes de ter se ligado totalmente à sua equipe.

As dez primeiras semanas costumam ser um período de alta energia emocional, quando as atividades frequentemente obtêm um nível mais alto de entusiasmo e comprometimento. Use esse tempo sabiamente e você terá uma vantagem significativa.

Quais são as armadilhas em potencial?

Embora esse período de transição apresente oportunidades para causar uma boa impressão, tome cuidado para não agir equivocadamente. Poucas pessoas se recuperam de um início ruim em uma nova função. São diversos os desafios a serem superados:

- **Você não terá conhecimento e experiência em sua nova função.** Isso o tornará vulnerável a tomar decisões erradas. Sua habilidade de julgamento da personalidade ajudará, pois as pessoas sempre darão sugestões para os novatos e você precisa decidir se vai seguir seu conselho. Em última análise, é claro, você será julgado por suas próprias decisões, mas olhe em volta para ver se existe alguém em cujo parecer e avaliação sobre outras pessoas você possa confiar. Aceite suas opiniões como uma contribuição útil, mas lembre-se de que as decisões serão suas.

- **Associar-se às pessoas erradas pode limitar suas oportunidades de promoção futura.** Em toda equipe haverá um misto de pessoas e opiniões; portanto, tente entender a política de escritório antes de ingressar na equipe ou departamento. O departamento está sob o microscópio, está se expandindo ou se aprontando para dispensas? Em que medida a equipe é fundamental para o sucesso da unidade de negócios superior ou da empresa como um todo?
- **Haverá muito a fazer em um curto espaço de tempo, e você poderá se sentir sobrecarregado com tudo isso.** Priorize, priorize, priorize! Não há mais do que um número limitado de horas por dia; portanto, ainda que você fique tentado a trabalhar freneticamente e resolver tudo de uma vez, a realidade é que não conseguirá fazer isso. Você precisa concluir o que é importante e fazer progresso primeiro naquelas poucas questões principais.
- **Os gerentes mais eficientes confiam fortemente em suas redes informais, mas nos primeiros estágios de um novo emprego elas não existem.** Julgue as pessoas por suas ações, e não por suas palavras. Confie naqueles que cumprem suas atribuições ou que têm uma boa reputação de entrega. Tente construir redes informais fora de seu departamento ou equipe, assim como boas comissões dentro dele. Atualmente, as empresas mais progressistas possuem programas de aconselhamento para gerentes promissores. Ao contrário da instrução, um programa de aconselhamento se concentra no indivíduo dentro do contexto atual da empresa. Não se trata necessariamente de desenvolvimento de habilidades, mas de auxiliar o indivíduo a ter um bom desempenho dentro do ambiente empresarial particular em que se encontra. Se sua empresa não conta com um programa de aconselhamento, sugira a criação de um informal. A maioria dos altos gerentes sente-se lisonjeada quando seus conselhos e experiência são solicitados. Mas não apenas isso – trata-se de uma prática extremamente sensata para os negócios.

Qual é o pior cenário?

Como as pessoas às vezes concedem o benefício da dúvida àqueles que estão iniciando, muitas vezes as coisas vão bem durante certo tempo. Se você cometer erros, elas o perdoarão, pois você é novo no trabalho. Isso é referido como "período de lua de mel". Técnicos de futebol recém-contratados, por exemplo, podem perder os primeiros jogos sem receber muitas críticas. Contudo, após um período de tempo (as dez primeiras semanas), você, assim como os técnicos de futebol, precisará ter um bom desempenho, satisfazendo as expectativas dos principais *stakeholders* e conquistando seu apoio.

Durante esse período inicial, é fundamental que você dê os passos necessários para se preparar para o sucesso no longo prazo. Caso contrário, correrá o risco de, por assim dizer, cair no abismo – após um bom início, as pessoas começam a ver o que você está fazendo apenas como mais uma iniciativa de gerenciamento. Você precisa não apenas obter ganhos e sucessos iniciais, mas também plantar as sementes do sucesso de longo prazo. Uma armadilha em que muitos gerentes iniciantes costumam cair é que, ao contrário do restante de seu trabalho, as primeiras semanas em seu novo cargo são atípicas, mas eles planejam o prazo mais longo como o curto prazo. Planeje suas dez primeiras semanas cuidadosamente, para ter sucesso por mais tempo.

AS DEZ PRIMEIRAS SEMANAS

O que devo fazer antes de começar?

Antes de iniciar um novo projeto ou trabalho dentro da área do gerenciamento de projetos e programas, você precisa fazer sua pesquisa para descobrir o que isso envolverá e quais serão os prováveis problemas que irá enfrentar. Crie uma lista de coisas a fazer, contendo o que deve estar pronto ou ser posto em vigor.

Pense também sobre como você mesmo precisará mudar. Como mudará seu comportamento, que conhecimento precisará adquirir e que novas habilidades seriam úteis? Saber essas coisas o ajudará a adquirir confiança.

Igualmente útil, se não fundamental, é identificar os principais influenciadores na área do gerenciamento de projetos, como especialistas do setor ou seu diretor de operações interno, e começar a construir sua reputação. Novamente, é aí que um programa de aconselhamento formal ou informal pode ajudar.

O que devo fazer nas dez primeiras semanas?

Quando sugerimos a jovens gerentes a necessidade de criarem um plano para suas dez primeiras semanas, recebemos muitos olhares espantados, normalmente de gerentes experientes. "Nunca precisei desse tipo de coisa" é o comentário habitual. Contudo, os tempos mudaram e as empresas nunca foram tão inclementes. Aprender no trabalho significa exatamente isto – aprender a partir dos erros e melhorar com o tempo. Como o ritmo da mudança nunca foi tão rápido, agora todos os gurus do gerenciamento concordam que a "curva de aprendizagem" é muito mais inclinada.

Hoje, as pessoas esperam mais, mais rápido e são menos indulgentes. Há sempre altos gerentes que percebem que os erros representam uma oportunidade de aprender e melhorar, mas, segundo nossa experiência, eles são muito poucos. Se você estiver trabalhando para um diretor esclarecido o suficiente para ajudá-lo a aprender com seus erros, assim como a dissecar seus sucessos, então agarre-se firmemente à cauda de seu fraque, pois esse tipo é uma espécie realmente rara.

Um plano de dez semanas é uma excelente ideia. Nas numerosas funções e trabalhos que tivemos no decorrer de muitos anos, podemos pensar em muitas ocasiões nas quais tal plano teria ajudado a se compreender melhor as coisas. Criamos planos de projeto, planos estratégicos de cinco anos e alguns colegas têm até "planos de vida"; portanto, por que não ter um plano de dez semanas de "iniciação no novo cargo"? Isso faz pleno sentido para nós e, de quebra, ele permitirá sobressair à ampla maioria das pessoas. Isso transmite uma mensagem – "Eu levo esse novo cargo a sério e é assim que vou fazê-lo dar certo".

Use as sugestões a seguir para elaborar um plano para as dez primeiras semanas em seu novo cargo como gerente de projeto.

Semana 1: Conheça os stakeholders

As primeiras impressões influenciam o desenvolvimento de uma relação nos primeiros meses. Comece conhecendo os principais *stakeholders* na área em que você está trabalhando: quais são suas funções e como cada um poderá influir em seu sucesso. Esses *stakeholders* normalmente incluirão seu chefe, colegas de trabalho, suas equipes de projeto, chefes funcionais, principais formadores de opinião, especialistas no assunto, principais clientes e fornecedores. Saber quem são e fazer uma lista abrangente deles é um bom ponto de partida. Se, por exemplo, você for gerenciar um projeto que mude o modo como os vendedores introduzem novos pedidos de venda, então coloque os vendedores experientes e os gerentes na lista de *stakeholders*, mesmo que o envolvimento real deles se dê em níveis mais baixos. Você está tentando antecipar-se aos problemas aqui e tentando ter mais certeza de que obterá aceitação quanto ao impacto que seu projeto terá sobre outras pessoas.

Desenvolva um plano de comunicação que inclua discussões face a face, para aumentar o apoio à sua equipe por parte de todos os *stakeholders* influentes. Não há substitutos para as reuniões presenciais. É melhor começar com essas reuniões, em vez de tentar introduzir sua maneira de fazer as coisas e suas sugestões a partir de um endereço de *e-mail* desconhecido. Contudo, não entre em reuniões sem antes pensar muito bem sobre elas. Se outra pessoa sentir que você apenas deu um passeio para um "bate-papo exploratório", também achará que está desperdiçando o tempo dela. Caso você queira apenas se apresentar, então diga isso, e faça-o fora de uma reunião formal. Na verdade, muitas empresas costumavam sugerir que seus novos gerentes passeassem pela empresa, para mostrar seu rosto a todos. Parece que isso acontece cada vez menos, o que é uma pena, pois não há substituto para um "aperto de mãos" e "olá".

Qual é impressão que você quer passar e o que precisa fazer para garantir que essa seja a impressão que as outras pessoas terão? Pense no que poderia dar errado e no que você pode fazer para garantir que os riscos sejam evitados ou diminuídos. Provavelmente o maior risco é que você demonstre falta de conhecimento; portanto, certifique-se de que as conversas iniciais se concentrem nas outras pessoas, e não em você. Reserve um tempo para saber qual é a agenda delas, quais são suas preocupações e quais são suas ideias para o futuro. Tente não expor suas próprias ideias na reunião inicial – é muito melhor apenas ouvir bem. Aliás, diz-se frequentemente que a maior influência é da pessoa que fala menos durante a reunião, mas que fornece o resumo no final e propõe o plano de ação.

Vale a pena avaliar cada grupo de *stakeholders* em uma matriz de poder *versus* apoio (veja a figura na próxima página). Concentre-se nos *stakeholders* que tenham o maior poder ou influência sobre seu trabalho. Reflita profundamente sobre como você pode convencer aqueles que não se oporão às suas ideias e considere maneiras de tirar proveito do apoio de seus defensores. Lembre-se de que, se não fizer essa análise, você poderá perder mais tempo com pessoas que concordam com você, as quais podem não fazer parte da base de poder de que você precisa. Na verdade, você estará falando com as pessoas do quadrante verde da matriz de influência/apoio, quando provavelmente deveria estar passando o tempo com as pessoas da área vermelha. Por definição, são as pessoas da área vermelha que podem impedir o sucesso de seu projeto.

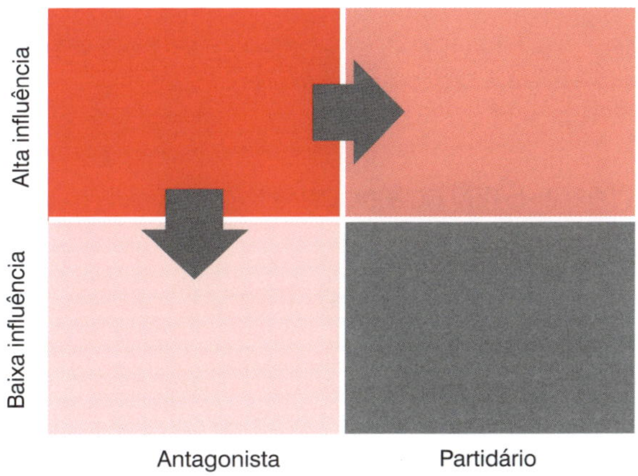

Semana 2: Tire uma fotografia da empresa

Obviamente, você precisa conhecer a empresa em que está trabalhando, mas isso deve ir além do conhecimento superficial de seus produtos e mercados. Saiba quais são as prioridades e os fatores críticos de sucesso para o ano corrente.

Você precisará compreender a estratégia global de sua empresa para confirmar se os projetos devem ser incluídos no portfólio geral – caso esses projetos não estejam ajudando sua empresa a atingir os objetivos estratégicos, você precisa questionar se recursos devem ser alocados para eles. O teste é saber se você pode dar uma resposta confiável à pergunta "Como seu projeto está empurrando a empresa em direção a seus objetivos e metas estratégicas?"

Avalie a situação atual e onde você pensa que a empresa está. Trata-se de uma empresa nova ou em início de atividade, ou de uma organização em estado de equilíbrio, atuando em um mercado maduro? Encontra-se em processo de rápido crescimento, é uma empresa em transformação tentando recuperar a lucratividade, ou quem sabe em fase de lentidão e perda de ritmo? A saúde atual da empresa orientará o enfoque de seu projeto ou programa.

Sua fotografia da empresa também deve confirmar os orçamentos e recursos de que você já dispõe para os projetos. Isso o ajudará a avaliar o nível de importância dado a empresa para a atividade em particular.

> **Dica rápida** **Utilize a estratégia da empresa como um de seus critérios**
>
> Para avaliar a adequação de um projeto à estratégia da empresa, examine os projetos em relação aos principais fatores de sucesso.

Semana 3: Crie um SWOT da equipe

Avalie criteriosamente cada aspecto de sua equipe de projeto e identifique as áreas que considera os pontos **fortes** e **fracos** e aquelas que refletem **oportunidades** e **ameaças**. Talvez você possa usar a lista de pontos de auditoria de equipe do *Kit* de ferramentas do diretor, na página 187, para estruturar sua análise e, em seguida, resumir suas ideias na forma de uma análise SWOT (acrônimo de Strengths, Weaknesses, Opportunities e Threats – pontos fortes e fracos, oportunidades e ameaças).

Compreenda que isso refletirá suas primeiras impressões; portanto, algumas de suas conclusões serão válidas, enquanto outras poderão estar incorretas. Reservem tempo para compartilhar suas ideias com seu chefe e outros *stakeholders* – isso proporcionará a oportunidade de conhecê-los melhor e de começar a cogitar meios de lidar com os pontos fracos e explorar os pontos fortes. Vejamos um exemplo:

Pontos fortes	**Pontos fracos**
Entusiasmo do diretor executivo com o gerenciamento de projetos Prioridades do portfólio claras para o ano corrente Equipes de projeto comprometidas, com orçamento e tempo suficientes	Nenhum processo de projeto comum entre as equipes funcionais – ineficiente e ineficaz Visibilidade das iniciativas atuais limitada ao nível executivo Aprendizado insatisfatório ao final dos projetos
Oportunidades	**Ameaças**
O programa de redução de custos poderia ser mais importante O processo de desenvolvimento de novos produtos precisa ser remodelado	Um desempenho financeiro fraco pode reduzir o orçamento do projeto

Esse gerente de projeto identificou pontos fracos na maneira como as iniciativas são gerenciadas na empresa e no nível de visibilidade do portfólio de projetos na equipe da alta direção (SMT – *senior management team*). Ao mesmo tempo, ele acredita que conta com equipes excelentes e com o total apoio do diretor-presidente. Talvez um gerente de projeto nessa situação possa se valer do entusiasmo do diretor-presidente para introduzir algum tipo de processo de projeto capaz de ajudar a dar à equipe da alta direção visibilidade e controle sobre o portfólio de projetos.

Semana 4: Garanta vitórias rápidas

Aceite que você não poderá corrigir tudo de uma vez, mas até a semana 4 as pessoas estarão observando com atenção como você vai agir para fazer a diferença. Elabore uma lista de suas ideias de mudança à medida que progredir durante a semana; em seguida, priorize-as levando em conta sua urgência e impacto sobre a empresa. Mensure o impacto em termos de como cada mudança apoiará uma necessidade comercial específica ou da diferença que fará na lucratividade global. Mensure a urgência no tocante a prazos finais específicos que precisam ser cumpridos ou janelas de oportunidade, como, por exemplo, a implementação de uma mudança de processo durante o período de férias de verão.

Para as mudanças que você considere prioritárias, identifique uma ou duas que saiba que pode implementar rapidamente, dentro de poucos dias e com pouco risco. Elas são referidas como "vitórias rápidas" e, desde que não sejam vistas como triviais, contribuirão muito para aumentar sua credibilidade dentro da empresa – supondo que sejam bem-sucedidas. Frequentemente é melhor obter uma vitória rápida de menor importância do que lutar por um ganho maior posterior. A "fruta ao alcance da mão" precisa ser colhida imediatamente.

Pense com cuidado sobre os problemas em potencial e reserve um tempo para se reunir com os *stakeholders* relevantes, a fim de garantir um sucesso rápido. Você poderá então comunicar essas vitórias rápidas de uma maneira que crie comprometimento com o programa de gerenciamento de projetos global e construa sua credibilidade.

Por exemplo, uma vitória rápida eficaz poderia ser a realização de uma oficina de um dia com as diferentes equipes operacionais da empresa para capturar e compartilhar seus respectivos projetos. Durante essa oficina, peça a cada participante de equipe que apresente sua estratégia para gerenciar seu projeto; em seguida, promova uma discussão sobre as vantagens da criação de uma estratégia comum de gerenciamento de projetos, priorização e comunicação. Desse modo, você não apenas terá desenvolvido credibilidade junto a um grupo importante de pessoas, mas também terá iniciado o processo de criação de práticas comuns e aumentado a visibilidade do portfólio global de projetos.

Não tenha dúvida de relatar essas vitórias rápidas a seu chefe, mas atribua o sucesso aos membros da equipe e a outros *stakeholders*. Deixar que seu chefe conclua que os resultados se devem a você, em vez de vangloriar-se de suas próprias realizações, é muito mais poderoso do que dizer o quanto você é brilhante. Afinal, você está nisso para ter sucesso na carreira a longo prazo, e não apenas para obter uma visibilidade rápida.

Semana 5: Crie uma visão

Ao final do primeiro mês em sua nova função, pare e faça um levantamento de onde você está. Pense no que aprendeu e nas principais mensagens que recebeu de seu chefe e de outros *stakeholders*. Agora você deverá ter informações e percepções suficientes para elaborar sua visão pelo menos para os próximos um ou dois anos.

Comece pelo fim e pense sobre o que você desejará ter alcançado antes de passar à sua próxima função, seja em seis meses ou em três anos. Quanto mais clara for sua visão do que constituirá o sucesso, mais provavelmente é isso que você obterá. Pense sobre como deseja que as pessoas lembrem-se de você após ter progredido: o que elas dirão a seu respeito?

Transforme então essa visão em uma estratégia ou plano de equipe. Isso deverá esclarecer o que você fará em termos de seu efeito sobre os produtos e serviços fornecidos pela empresa. Além disso, decida o que você não irá fazer. Esclarecer os limites desse modo ajuda a enfocar a equipe e garante que seus limitados recursos e orçamento de projeto não sejam demasiadamente dispersos. Assim, pense com cuidado sobre quem são seus clientes, sejam eles internos ou externos, e quais são os mais importantes. Se seus clientes são externos, certifique-se de entender a estratégia de *marketing* da empresa e de que sua visão esteja em harmonia com ela.

Sua visão também deve enunciar claramente sua estratégia relativa a cada um dos dez principais elementos da série Via Expressa para gerenciamento de projetos, a saber:

- objetivos de projeto
- interessados (*stakeholders*)
- plano de trabalho e cronogramas
- problemas e riscos
- a equipe
- decisões críticas
- recursos e orçamento
- necessidades do negócio
- liderança de projeto
- comunicação

Entre esses elementos você poderia identificar o que considera como sendo as maiores lacunas e como e quando cada uma será fechada. Nesse estágio sua visão não precisa ser uma declaração detalhada, mas deve fornecer um roteiro indicando claramente o que você está procurando obter. Evidentemente, você precisará reservar um tempo para validar seu plano junto aos membros da equipe e a seu chefe.

Além de construir um plano e de fazê-lo funcionar para a equipe, pense nas capacidades pessoais que você precisa adquirir para liderá-la com êxito. Onde houver falhas, crie seu próprio plano de desenvolvimento pessoal para obter as habilidades ou a experiência necessárias. Venda isso a seu chefe para obter sua aprovação quanto à necessidade de você despender tempo e dinheiro para eliminar as falhas.

Por fim, nesse estágio você deve refletir sobre sua nova função e garantir que possa equilibrar seus compromissos de trabalho com seu estilo de vida preferido. Não há sentido em realizar um trabalho excelente, se você se esgotar emocionalmente nos dez meses seguintes.

Semana 6: Faça uma pausa!

No final da semana 5, você terá feito um bom trabalho, mas também estará bastante cansado. Até os gerentes mais capazes e confiantes tendem a consumir muita energia quando mergulham em um novo trabalho.

Use essa semana para relaxar e conhecer melhor a equipe. Passe algum tempo com cada membro e escute suas visões, aspirações e preocupações. Familiarize-se com a pessoa como um todo, e não apenas com a parte dela envolvida no trabalho. Motivar e recompensar as pessoas é muito mais fácil se você conhece seus *hobbies*, suas excentricidades e suas opiniões. Fale com os principais *stakeholders* e teste os vários elementos de sua visão de projeto, atualizando-os no processo.

Nas forças armadas é prática comum entender o papel e a função de cada indivíduo sob seu comando. Isso não quer dizer que, como gerente, espera-se que você faça o trabalho melhor ou mais rápido do que seu pessoal, mas pelo menos você deve saber quais são os problemas individuais e o que motiva cada membro da equipe a fazer um bom trabalho. Essa estratégia poderia ser aplicada em qualquer situação de trabalho. Ela requer apenas tempo e esforço. De acordo com nossa experiência, esse é um tempo bem aproveitado, e as pessoas apreciam o tempo da gerência gasto para entendê-los e para conhecer seus problemas.

Preste particular atenção a seu chefe e conheça-o melhor. Qual é seu estilo de liderança preferido, quais são suas principais oportunidades e ameaças e como ele sente em relação a seu desempenho nas cinco primeiras semanas? Quanto tempo ele espera permanecer no cargo é uma informação importante que poderia ter impacto em sua trajetória profissional e na velocidade de seu progresso. Aqui, o conceito de "gerenciar olhando para cima" pode ser útil. Percebendo que, nas grandes empresas, seu chefe imediato e o chefe dele podem ter grande influência em seu dia de trabalho, as pessoas estão começando a pensar em como podem "gerenciar seu gerente". Isso não quer dizer insinuar-se para seu gerente a fim de obter ganhos pessoais – esse seria um atalho para conquistar o tipo errado de reputação –, mas sim entender os objetivos e metas de seu chefe imediato. Como as ações dele, em última análise, afetarão você, conhecer bem seu chefe proporcionará outro canal por meio do qual você poderá entender o que está acontecendo na empresa e o que está em andamento.

Durante essa semana, certifique-se de estar informado sobre sua administração diária e esvazie o máximo possível sua caixa de entrada. Certifique-se de que sua lista de *e-mails* esteja sob controle e reserve um tempo para delegar as tarefas que não forem essenciais aos membros da equipe o mais cedo possível. Temos certeza de que existe uma correlação direta entre administração de pessoal eficiente e sucesso dentro das dez primeiras semanas. Algumas pessoas acham que estabelecer sistemas de arquivamento, listas de telefones celulares, pastas de *e-mail* e um sistema de diário de bordo é algo natural – acontece "automaticamente" –, mas outras precisam trabalhar nisso. Seja qual for sua estratégia, certifique-se de que na semana 6 sua administração pessoal esteja organizada e os sistemas necessários estejam funcionando.

Se seu cargo exige trabalhar com uma secretária ou um assistente pessoal (PA) e essa é a primeira vez que você tem a sorte de dispor de um deles, então é fundamental que na semana 6 já tenha definido como irão trabalhar juntos. Isso significa estar de acordo com coisas tais como números de telefone pessoais, o modo como você trabalha em termos de cronogramas e diários, como gosta de organizar seu diário, etc. A maioria dos bons PAs de hoje é especializada em administração de escritório e tudo o que está envolvido nisso; portanto, familiarize-se com eles e compreenda que são um recurso valioso e flexível que você tem de gerenciar bem. Um bom relacionamento de trabalho com sua secretária ou PA pode ser crucial em suas dez primeiras semanas.

Enquanto trabalhávamos em uma instituição bancária, encontramos muitos gerentes que compartilhavam secretárias e PAs. Observamos que o segredo do sucesso é garantir que você compreenda como o outro gerente trabalha e chegar a um estilo e a uma maneira comuns de trabalhar. Estabeleçam, todos os três, um "contrato" informal sobre como trabalharão, para obter os melhores resultados.

Semana 7: Construa sua reputação com os outros

Certo, de volta à luta. Reconheça que sua nova função é fundamentalmente diferente da anterior, e que para ter sucesso talvez seja preciso fazer as coisas de outra forma. Isso é particularmente importante quando se trata de sua primeira atuação em gestão, pois, em vez de alcançar resultados por seus próprios esforços e habilidades, você os obterá por intermédio de outras pessoas. Lembre-se de que agora sua reputação pessoal dependerá da capacidade da equipe de apresentar resultados. Alguns gerentes consideram o plano de ação correto contra-intuitivo. Tentam receber a glória pelos bons resultados e culpam sua equipe pelos erros cometidos. Os gerentes que utilizam a Via Expressa sabem fazer exatamente o oposto: elogiam a equipe pelos bons resultados diante dos altos gerentes e assumem a completa responsabilidade pelas coisas que dão errado.

Pense nos diferentes eventos de que você participa semanalmente e na maneira como deve se comportar em cada ocasião. Pense no que pode fazer para melhorar sua reputação de alguém que faz acontecer. Pense no que irá obter de cada evento, mas pergunte o que pode fazer para contribuir. Talvez existam oportunidades para você ocupar mais de um papel de liderança ou para promover outros.

Enquanto trabalhava em um *call center* de suporte técnico como gerente de atendimento ao cliente, Simon costumava levar os membros da equipe à reunião quinzenal da gerência, a fim de darem retorno sobre o desempenho e sobre problemas do cliente, em vez de reinterpretar a informação dada a ele e retransmiti-la. Normalmente, os líderes de equipe – um pessoal de suporte técnico jovem – recebiam numa semana o aviso de que dariam retorno à alta direção sobre os problemas que tinham surgido nas duas semanas anteriores. Após o pânico inicial, eles eram instruídos sobre sua parte específica na agenda e sobre como a administração queria que os dados fossem apresentados. Era-lhes mostrado como destilar as informações em trechos distintos, e não "contar uma história". Simon sempre os apoiava na reunião, e logo a administração percebeu a vantagem de obter informações "direto da fonte".

Essa estratégia de construção da reputação de uma equipe junto aos gerentes teve alguns resultados interessantes:

- O departamento de suporte técnico, antes desprezado, começou a ser visto como uma valiosa fonte de informações do cliente.
- As pessoas do departamento começaram a ser mais valorizadas – na verdade, as reuniões se tornaram uma área de recrutamento em potencial para as equipes de desenvolvimento e teste.
- Agora Simon podia deixar os aspectos mais repetitivos das reuniões quinzenais da gerência para outros, enquanto se concentrava nos problemas mais prementes e nas tarefas estratégicas.
- As pessoas, antes envergonhadas de fornecer informações nas reuniões, começaram a ver isso como uma "educação" para a administração e como parte de uma melhoria em suas perspectivas de promoção; Simon via isso como planejamento da sucessão; para a equipe administrativa, tratava-se apenas de boa organização.

Como gerente de projeto, sua equipe pode não se reportar a você diretamente, mas seus membros podem ser especialistas funcionais que se reúnem para discutir, planejar e monitorar projetos. Essas "equipes virtuais" são frequentemente mais desafiadoras para se liderar; portanto, para construir sua reputação, você deve ser sensível às necessidades dos membros individuais e compreender o que cada departamento está tentando obter. Para alcançar os melhores resultados, adapte seu modo de trabalhar com eles, falando a mesma língua que eles.

Reserve um tempo para construir sua rede. Quanto mais graduado você se tornar, mais importante será sua rede para seu sucesso futuro. Inicialmente, seus principais contatos serão internos da empresa, mas, à medida que você consolidar sua posição, veja o que ocorre fora dela, nos organismos profissionais. Seja crítico quanto ao uso de seu tempo, pois algumas das organizações de rede nas quais você pode ingressar prometem muito mas fornecem pouco; no entanto, como gerente de projeto da empresa, procure identificar e absorver melhores práticas de outras empresas.

Nós, por exemplo, somos atualmente membros de organismos como Chartered Institute of Marketing, Thames Valley Enterprise Partnership e Henley Business School Alumni Organisation. Todas essas organizações possuem "grupos de interesse especial" ou áreas que lidam com gerenciamento de projetos e desenvolvimento de habilidades para gerentes de projeto em suas áreas especializadas. Essas são organizações e associações formais, mas também ganhamos muita experiência e aprendemos muito com grupos de redes pessoais menos formais e clubes aos quais ambos pertencemos. Nenhum de nós ingressou em organizações formais ou em grupos informais com o propósito epecífico de melhorar nosso aprendizado individual ou nosso prestígio no gerenciamento de projetos; ingressamos nessas entidades para conhecer outras pessoas e para saber se enfrentavam os mesmos problemas. Contudo, os benefícios de longo prazo de tais grupos superam com folga as noites ocasionais em que temos de ouvir os outros, quando podíamos estar em casa. Você precisa apenas determinar quais grupos e eventos oferecerão o melhor.

Semana 8: Realize suas primeiras revisões de projeto

Suas vitórias rápidas terão dado a você uma ideia do que é possível, mas o mais importante é que elas terão ajudado a construir sua reputação de alguém que faz as coisas acontecerem. Você também terá estabelecido relacionamentos com pessoas importantes da empresa.

Agora é hora de realizar sua primeira revisão estruturada do projeto (ou projetos), destinada a proporcionar real valor para a empresa. Concentre-se no problema comercial ou no fator-chave de sucesso atual e recrute as pessoas certas. Planeje a revisão completamente e pense em todas as coisas que poderiam tirá-la do rumo. Talvez você queira que as pessoas apresentem um breve panorama de suas partes do projeto (ou projetos), destacando as vantagens comerciais globais e demonstrando o vínculo com a estratégia da empresa e por que devem receber os recursos necessários para atingir todos os objetivos do projeto.

Por exemplo, uma empresa de produtos farmacêuticos que conhecemos tinha uma equipe de projeto trabalhando no lançamento de um novo produto para tratamento da pele. Ninguém havia mudado o orçamento do projeto, apesar do fato de um dos principais clientes varejistas ter retirado o pedido. Isso devia ser levantado em uma reunião do projeto. Na mesma empresa, somente depois de termos sugerido a um novo gerente de programa para quem sabe fazer uma revisão do portfólio estratégico tão logo começasse em seu novo cargo é que ele descobriu que dois projetos de pesquisa, um nos EUA e outro na Alemanha, estavam cobrindo exatamente o mesmo terreno e duplicando os esforços um do outro. Um ligeiro "realinhamento" de um dos projetos economizou milhões para a empresa e ampliou sua área de pesquisa. Isso também não causou qualquer prejuízo à reputação do novo gerente, e seu estilo de revisão de projeto se tornou o padrão corporativo para todos os outros copiarem.

A revisão do projeto pode ser um processo muito formal e, como resultado, muitos problemas podem ser descobertos. Ela pode gerar mais trabalho para você e, talvez, algumas decisões incômodas, mas é para isso que serve – e não apenas para verificar o progresso.

Dica rápida Alinhamento

Certifique-se de que seu projeto e as necessidades e prioridades da empresa estejam alinhados. Eles estão indo na mesma direção?

Semana 9: Reflita e aprenda

Agora, pare e veja onde você está. Reserve mais ou menos uma hora, no início da semana, para relaxar e refletir sobre o que correu bem, o que deu errado e por quê. Volte ao seu plano ou à sua lista de coisas a fazer original, confira os itens que produziu e, então, examine de modo crítico as áreas nas quais não atingiu as expectativas.

Reúna-se com seu chefe e solicite uma análise formal de seu progresso. Há muitos chefes que não são bons em fazer análises de desempenho formais, mas essa é uma parte fundamental do aprimoramento contínuo. Em seguida, reúna-se com os outros interessados e obtenha seus comentários sobre o que correu bem e o que gostariam que fosse mudado. Talvez você precise corrigir o modo como examina os projetos que se encontram sob sua esfera de responsabilidade – como monitora e controla o progresso dos vários projetos e como pode reconduzir projetos específicos ao caminho certo.

Semana 10: Desenvolva seu plano de dois anos

Nas últimas nove semanas, você construiu sua reputação e sua credibilidade como gerente de projeto (ou mesmo de programa), desenvolveu relações importantes com interessados influentes e sua confiança cresceu. A esta altura, você tem uma opinião sobre o que deseja alcançar, baseado nos fatos e no conselho de especialistas ao redor da empresa. Agora é hora de desenvolver seu plano de dois anos. As revisões de projeto também podem contribuir significativamente para isso.

Comece refletindo sobre sua visão anterior e atualize-a, se necessário. Em seguida, volte e identifique o que precisa ser feito e obtido mês a mês. Mantenha o plano de dois anos em um nível alto, mas planeje os três primeiros meses em detalhes.

Uma vez que você tenha seu plano, identifique os obstáculos ou problemas em potencial que poderiam atrapalhar. O que poderia dar errado, o que poderia fazer isso acontecer e o que você pode fazer para evitar? Coloque essas ações no plano.

Por fim, você deve ser o mais específico possível sobre como saberá se está tendo êxito. Estabeleça indicadores de desempenho que possam ser monitorados mensalmente e que permitam a você e a seu chefe saber se estão no caminho certo. Certifique-se de que pelo menos um indicador controle os benefícios financeiros de seus projetos. Seja claro quanto aos benefícios comerciais que seus projetos estão apresentando, pois isso o ajudará a justificar o investimento futuro em você e em sua equipe. As empresas gastam dinheiro para obter um retorno; assim, o gerente de projeto que não puder demonstrar os benefícios comerciais do que estiver fazendo será o primeiro a sentir o "aperto" quando os tempos ficarem difíceis.

Dica

Dica rápida Orçamento

Certifique-se de que seu orçamento lhe permita concluir todas as suas atividades com a qualidade exigida no termo de abertura do projeto.

LISTA DE VERIFICAÇÃO: O QUE PRECISO SABER?

Durante suas dez primeiras semanas em uma nova função, comece reunindo informações que o ajudem a apresentar resultados, monte sua equipe e desenvolva sua carreira. Use essa lista de verificação para ver se você dispõe das informações necessárias – utilizando, para tanto, um *status* vermelho-âmbar-verde simples, em que vermelho (Vm) reflete disparidades importantes no conhecimento atual, sugerindo a necessidade de ação imediata; âmbar (A) indica que algum conhecimento está faltando e talvez seja preciso resolver isso em algum estágio futuro; e verde (Vd) significa que você está no caminho certo.

Tópico	Informação	VmAVd
Contexto empresarial	As principais tendências do setor que afetarão o que você faz, como faz e o que seu portfólio de projetos contém	☐
Estratégia comercial	A estratégia global da empresa no tocante a seus produtos e mercados, e o fundamento no qual ela se diferencia no mercado	☐
Objetivos da equipe	Os indicadores-chave de desempenho (KPIs) que serão usados para avaliar se você e sua equipe têm sido bem-sucedidos	☐
Interessados (*stakeholders*)	As pessoas ou grupos com que você vai trabalhar e que influenciarão o sucesso ou o fracasso de suas atividades de projeto	☐
A equipe	Os membros individuais de sua equipe de projeto – suas aspirações e peculiaridades, sua formação e seus pontos fortes e fracos relativos	☐
Funções\papéis	Uma definição das funções e responsabilidades do projeto necessárias para apresentar resultados tanto de colaboradores externos como internos da equipe	☐
Clientes	Seus cinco principais clientes internos ou externos e suas necessidades e desejos específicos	☐
Fornecedores	Seus dez principais fornecedores – quem são eles e como contribuem para o sucesso de sua equipe	☐
Seu chefe	Seu gerente operacional – seu estilo predileto, suas aspirações na carreira e o que o deixa realmente animado	☐
O diretor	A pessoa que lidera as atividades de projeto dentro da empresa e, possivelmente, a pessoa cujo posto você ambiciona ocupar	☐

Tópico	Informação	VmAVd
Principais formadores de opinião	Pessoas da empresa cujo conhecimento e opinião especializados são respeitados pelos outros – quem são eles e o que cada um deles tem a oferecer	☐
Compromissos atuais	As atividades de projeto operacionais atuais – quais são elas e o que será necessário para levá-las a bom termo	☐
Carga de trabalho futura	Expectativas futuras em relação ao que precisa ser entregue, quando e por quem	☐
Orçamento	O volume de recursos financeiros disponíveis para suas atividades de projeto – de onde isso virá e qual é o processo de aprovação	☐
Recursos	As pessoas, instalações, equipamentos, materiais e informações disponíveis para suas atividades de projeto	☐
Escopo	Os limites estabelecidos para você e sua equipe – as coisas que você não pode fazer	☐
Principais eventos	Os eventos importantes que estão acontecendo dentro da empresa e que influenciarão o que você precisa fazer e quando	☐
Problemas em potencial	Os riscos que você enfrenta ao fazer progresso – as coisas que poderiam dar errado com base nas suposições que você fez	☐
SWOT	Os pontos fortes e fracos, as oportunidades e ameaças relativas de sua equipe de projeto	☐
Processo de revisão	O processo de revisão formal para suas análises de equipe internas, no qual os KPIs serão examinados por seu chefe	☐

Dica

Dica rápida Recursos

Se os recursos são escassos, considere alternativas antes de eliminar objetivos.

PARE – PENSE – AJA

Depois de ler este capítulo, você estará ciente de como as dez primeiras semanas podem ser críticas para seu sucesso em uma nova função e de que existem várias atitudes que deve tomar para aumentar suas chances de êxito. A mudança não acontecerá automaticamente e precisa ser planejada (como um projeto!). Reserve um tempo agora para refletir sobre cada uma dessas ideias e preparar um plano para suas dez primeiras semanas.

O que devo fazer?	O que preciso alcançar?
Quem preciso envolver?	Quem precisa estar envolvido e por quê?
De que recursos precisarei?	Quais informações, instalações, materiais, equipamentos ou orçamento serão necessários?
Qual é o cronograma?	Quando as tarefas serão executadas? Semana 1 Semana 2 Semana 3 Semana 4 Semana 5 Semana 6 Semana 7 Semana 8 Semana 9 Semana 10

Visite o *site* **www.Fast-Track-Me.com** para ter acesso à ferramenta de planejamento *on-line* deste livro.

PALAVRA DO ESPECIALISTA

Construindo redes de conhecimento em gerenciamento de projetos

Professor Kam Jugdev

"No mundo todo, a demanda pelas práticas de gerenciamento de projetos continua a crescer, conforme evidenciado pelos seguintes fatores:

- o enfoque no gerenciamento de projetos em uma variedade de setores para melhorar a eficiência e a eficácia;
- o aumento na complexidade dos projetos e a natureza global de muitos deles;
- o crescimento da afiliação em associações de gerenciamento de projetos;
- a tendência em direção à certificação e ao treinamento/educação;

- o uso de metodologias, ferramentas e técnicas de gerenciamento de projetos, *softwares* de produtividade e produtos de colaboração relacionados;
- o estabelecimento de escritórios de projetos e estruturas de gerenciamento de programa e portfólio.

A ênfase nas ferramentas e técnicas para controle de projetos é importante porque o conhecimento formal e codificado nos ajuda a aprender *o que* fazer. Certificar-se de que o conhecimento do projeto seja criado, compartilhado e utilizado é ainda mais importante quando consideramos que mais de 80% do aprendizado no local de trabalho ocorre informalmente. *Como* praticamos o gerenciamento de projetos não é o tipo de conhecimento que pode ser documentado, pois normalmente é um conhecimento que adquirimos experimental e intuitivamente – um conhecimento tácito. Esse tipo de conhecimento pode ser compartilhado mostrando-se aos outros como fazer as coisas.

Existem muitas maneiras de nos envolvermos nesse processo informal de aprender e compartilhar conhecimentos acerca do gerenciamento de projetos – as comunidades de prática e nosso capital social são bons exemplos. As comunidades de atividade profissional são fundadas segundo a premissa de que as pessoas se envolvem e compartilham conhecimento porque têm interesses comuns. Essas comunidades envolvem narrativa, instrução, mostrar aos outros como fazer as coisas e aconselhamento. Como o conhecimento também flui de nossa rede de contatos (capital social), as pessoas tendem a se associar e aprender com quem conhecem ou com base na reputação. Outras maneiras informais de compartilhar conhecimento de gerenciamento de projetos incluem o aconselhamento e imitação do trabalho. Uma maneira importante de compartilhar conhecimento de projeto envolve as lições aprendidas (avaliações de projeto), desde que estas sejam feitas em um ambiente compreensivo.[2]

O compartilhamento informal do conhecimento no gerenciamento de projetos terá um maior significado devido à mudança demográfica mundial. Muitos dos '*baby boomers*' nascidos no pós-guerra (entre 1946 e 1964) vão se aposentar nos próximos 10 a 20 anos. Esse grupo demográfico é frequentemente descrito como tendo um forte comprometimento com a empresa. Os Gen-Xers nasceram após a geração *baby boom*, no período entre 1965 e1982, enquanto os Gen-Yers nasceram no período entre 1983 e1997. Os Gen-Xers e os Gen-Yers são frequentemente descritos como tendo atitudes diferentes com respeito ao equilíbrio trabalho–vida e ao gerenciamento em geral: tendem a querer manter e usufruir seu tempo particular e muitos esperam que eles tenham vários empregos e diversas carreiras durante a vida.

---

[2] Jugdev, K., Yurka, W., Sennara, M. e Ruwanpura, J. (2008), "A case study on project lessons learned: the good, the bad, and the ugly", *paper* apresentado na Academy of Management, 8–13 ago., Anaheim, CA.

Considerando alguns dos diferentes valores dos grupos generacionais, as empresas enfrentam mais desafios no gerenciamento de projetos para garantir que os grupos demográficos trabalhem em conjunto eficientemente. O gerenciamento de projetos bem-sucedido envolve uma cultura organizacional apoiadora, confiança, liderança eficaz, sólidas habilidades interpessoais e o reconhecimento por parte da gerência de que esse pessoal é de fato um recurso altamente valioso. As empresas que reconhecem a importância do compartilhamento informal do conhecimento, junto com as diferentes necessidades dos grupos generacionais, podem desenvolver programas que permitam às equipes de projeto compartilhar seu conhecimento em gerenciamento de projetos mais eficientemente.

Portanto, sejam quais forem as ferramentas e técnicas utilizadas, o segredo do gerenciamento de projetos bem-sucedido envolve criar uma cultura de gerenciamento de projetos que apoie o compartilhamento informal do conhecimento, o que pode ser obtido pela ajuda mútua no aprendizado de *como* praticamos a disciplina. ”

Capítulo 7

Liderando a Equipe

Conforme você verá a partir da estratégia de gerenciamento de projetos integrado que apresentamos no Capítulo 3, a liderança do projeto está no centro de tudo (veja a figura a seguir). A liderança é um assunto interessante, pois existem muitos conceitos sobre o que constitui um bom líder e muitas características e estilos diferentes de liderança. Neste capítulo, esboçaremos o que é necessário para ser líder de projeto – em contraposição a ser gerente de projeto – e o que é preciso para montar e apoiar uma equipe de projeto eficiente.

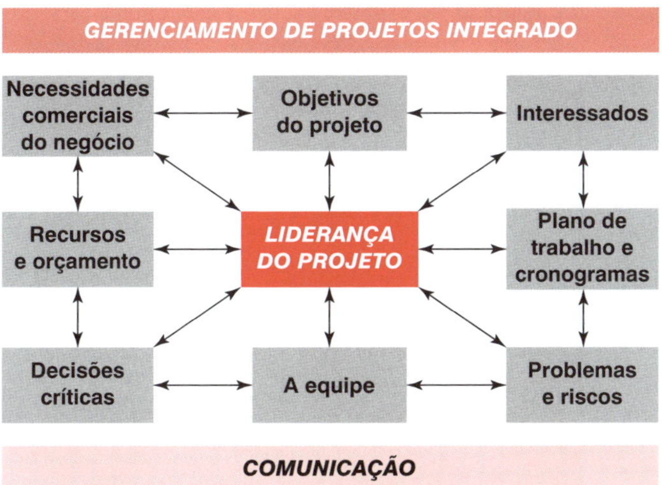

Sem uma liderança eficiente, a chance de sucesso de um projeto é bastante reduzida. Você pode conhecer todas as ferramentas e técnicas para um gerenciamento de projetos eficiente, mas, se não tiver a capacidade de persuadir as pessoas e liderar o projeto, os esforços da equipe serão desperdiçados. Até hoje, a maioria dos treinamentos e livros sobre gerenciamento de projetos tem se concentrado no "gerente" de projeto, e não no "líder" de projeto. Queremos mudar isso.

> **Dica rápida Liderança**
>
> Como líder de projeto, não se coloque sob pressão, tentando pensar em tudo e resolver todos os problemas. Faça uso completo das habilidades e da experiência de outros.

A diferença fundamental entre um gerente e um líder é que, se você tiver todas as habilidades "técnicas" e talento para executar um projeto e compreender as complexidades do gerenciamento de projetos como disciplina, provavelmente será um gerente de projeto muito bom, mas algo estará faltando – um "fator x" que confere certa vantagem a alguns gerentes de projeto. Trata-se da liderança. Essa qualidade difícil de definir significa basicamente uma aptidão para levar as pessoas a uma "jornada" e extrair o melhor delas, em vez de apenas "usar" recursos humanos. É a liderança que afeta o outro eixo da matriz a seguir – a eficiência da equipe.

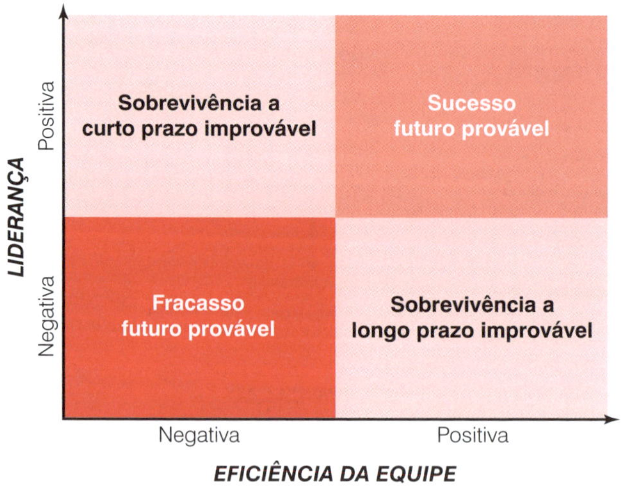

A liderança "positiva", conforme expressa na matriz, é adequada para a situação de projeto, enquanto a liderança "negativa" é inadequada. A liderança é uma habilidade multifacetada e dinâmica – complexa demais para a examinarmos em detalhes neste livro. Assim, para mantermos as coisas simples, dentro de nosso modelo integrado de gerenciamento de projetos eficiente, acreditamos que o líder de projeto deve possuir três requisitos básicos:

- pensamento correto
- habilidades corretas
- comprometimento correto

Neste capítulo, explicaremos a que nos referimos com esses requisitos e como eles podem ser utilizados dentro de um projeto. E, o mais importante, mostraremos como você, como gerente de projeto que utiliza a Via Expressa, também pode desenvolver essas qualidades.

O PENSAMENTO CORRETO

Autopercepção

O ponto de partida para gerenciar um projeto eficiente é gerenciar a si mesmo. Quando vemos um gerente definindo as atividades de desenvolvimento pessoal e profissional dos membros de sua equipe, não raro ficamos impressionados com seu profissionalismo. Infelizmente, porém, muitas vezes os gerentes não são tão diligentes com seus próprios planos de desenvolvimento pessoal. Se você for um gerente recentemente promovido ou acabou de tornar-se gerente de projeto, passe algum tempo pensando sobre como se vê no novo cargo e como deseja ser visto pelos outros. À medida que você se envolva em trabalhos mais desafiadores, talvez tenha de ajustar seu modo de pensar. Pensar diferentemente incluirá não apenas o modo de entregar projetos no prazo, com a qualidade combinada e dentro do orçamento, mas também coisas como motivar os membros da equipe e elevar os padrões. Gerenciar o tempo, a qualidade e o orçamento é o ponto de partida, mas a liderança exige mais do que isso.

Um ponto de partida útil é fazer uma autoavaliação em relação às quatro dimensões a seguir: conhecimento, competências, atitudes e comportamentos. Você possui o **conhecimento** necessário sobre as mudanças no setor, seus dez principais clientes e principais concorrentes? Analisando suas **competências**, você pensa nos processos e é capaz de realizar análises para entender por que as coisas acontecem (ou poderiam acontecer), examinar processos de gerenciamento de projetos e instituir planos que apresentem benefícios no prazo e dentro do orçamento? Você tem a **atitude** correta, positiva, e, em seu **comportamento**, você apoia os outros ativamente no processo de gerenciamento de projetos e tem determinação para superar obstáculos?

Antes de tomar uma atitude, reserve um tempo para discutir seus pensamentos com seu chefe ou instrutor. Talvez seja interessante resumi-los na forma de um SWOT (pontos fortes e fracos, oportunidades e ameaças), antes de elaborar um plano. Contudo, não seja muito ambicioso e não tente se desenvolver rápido demais – tornar-se um líder de projeto eficiente leva tempo.

Todas as funções são diferentes por natureza, mas o salto de uma categoria para a seguinte provavelmente é mais acentuado quando você começa pelo gerenciamento. Quantas vezes tomamos conhecimento de pessoas admiradas com o fato de o melhor representante de vendas não se tornar necessariamente o melhor gerente de vendas? Isso também vale para qualquer gerente de projeto, especialmente na medida em que a maioria dos projetos envolve equipes multifuncionais e muitos membros de equipe nem mesmo se reportarão a você. Você precisa começar a pensar como profissional de gerenciamento de projetos. Embora esse provavelmente seja o trabalho mais agradável que você fará, não é algo que fará por divertimento – você quer ganhar dinheiro para si próprio e para sua empresa. Ademais, precisará estar mais ciente da empresa como um todo e ser proativo, antecipando a mudança. Quanto tempo você passa pensando no futuro – isso é suficiente? Uma das principais qualidades do gerente que utiliza a Via Expressa é que ele passa mais tempo pesquisando e observando o que está acontecendo em outros departamentos ou empresas.

Enfatize o equilíbrio

Os "três círculos", ou modelo de liderança centralizado na ação (veja a figura na próxima página), desenvolvido por John Adair, é relevante aqui[1]. Esse modelo simples pode não ser o mais recente no pensamento gerencial, mas boas ferramentas sempre resistem ao teste do tempo. Ao trabalhar com um cliente, descobrimos que frequentemente é muito útil um de nós adotar a visão dos gerentes e o outro adotar a visão do "gerenciado" ou mesmo do cliente. Esse modelo foi bastante revolucionário em seu tempo, pois estimulava os

[1] Adair, J. (1983), *Effective Leadership*, Aldershot: Gower.

líderes (gerentes) a ver as coisas (projetos) de diferentes perspectivas – uma característica a ser sempre estimulada em gerentes de projeto!

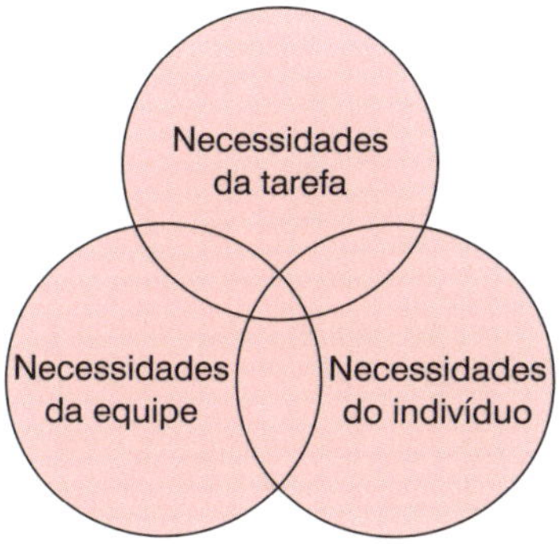

FONTE: ADAIR, J. (1983). REPRODUZIDO COM PERMISSÃO.

A pesquisa de Adair sugeria que os líderes eficientes (ou, em nosso caso, "os gerentes de projeto") podem mudar sua atenção e concentração entre os três elementos do modelo: as necessidades da equipe, da tarefa e do indivíduo. Como elas são interdependentes, o líder deve observar todas as três. Portanto, a habilidade ou característica real que um gerente de projeto eficiente deve desenvolver é a capacidade de saber *quando* se concentrar na equipe, na tarefa ou no indivíduo.

Aplicar esse modelo ao gerenciamento de projetos ajuda o gerente que utiliza a Via Expressa a entender onde sua ênfase deve estar em certos momentos ou fases de um projeto:

- **Necessidades da tarefa.** Os objetivos do projeto (isto é, as necessidades da empresa). Elas serão satisfeitas pelo estabelecimento de metas e objetivos claros, pela criação da estrutura de projeto correta e pelo gerenciamento do projeto mediante reuniões e relatórios.
- **Necessidades da equipe.** Itens tais como reuniões eficazes, apoio aos *stakeholders*, compartilhamento de trabalho e comunicação dentro da equipe e com outras equipes de projeto.
- **Necessidades do indivíduo.** Evidentemente, essas necessidades devem variar de pessoa para pessoa, mas o líder de projeto eficiente saberá como as necessidades dos membros da equipe e as necessidades emocionais dos *stakeholders* devem ser preenchidas.

Caso real Governo central, história de Graham

Narrador Graham era gerente de projeto de um departamento de TI do governo e estava trabalhando em um grande projeto de infraestrutura (o contrato era de longo prazo).

Contexto No departamento de TI do governo central, o tempo gasto pelos profissionais precisa ser alocado a um projeto específico. Isso significa que qualquer pessoa que esteja envolvida em vários projetos precisa preencher uma folha de presença e responsabilizar-se por seu dia inteiro de trabalho. Então, os escriturários recolhem essas folhas de presença e as inserem em um sistema que distribui os custos para os projetos na forma de valores diários, como se os funcionários fossem contratados de fora.

Problema O problema era que ninguém tinha nenhuma folga. Muitos projetos estavam estourando o orçamento de uma maneira que refletia as regras, mas não a colaboração real dos funcionários.

Solução Graham reuniu os gerentes de projeto para combinarem um período de tempo que não precisava estar relacionado ao projeto. Então, persuadiu os gerentes de linha a passar isso ao departamento financeiro.

Aprendizado Tome cuidado com consequências inesperadas quando você levar um sistema financeiro, como a avaliação de custos, para o mundo real do trabalho.

AS HABILIDADES CORRETAS

Técnica *versus* pessoas

Ao longo deste livro, enfatizamos a necessidade de boas habilidades técnicas. No contexto de um projeto, isso significa a criação eficiente de objetivos, bom planejamento, gerenciamento eficiente de reuniões, etc. Contudo, o líder de projeto também necessita de boas habilidades pessoais. Essas habilidades inevitavelmente estarão vinculadas a um "estilo" de liderança – *o modo como* você interage com os outros. Portanto, reconhecer seu estilo de liderança é tão importante quanto compreender, digamos, a análise do caminho crítico ou os gráficos de Gantt.

Que estilo de liderança é adequado?

Estes talvez sejam seus primeiros passos no gerenciamento, ou talvez você já seja um gerente experiente, mas em ambos os casos reserve um tempo para refletir sobre o estilo de liderança que possa ser adequado a sua função como gerente de projeto. Uma maneira de pensar sobre isso é considerar até que ponto você envolve outras pessoas em eventos e decisões importantes. A liderança de projeto é efetivamente um *continuum* do comando ao consenso, como mostrado na figura a seguir.

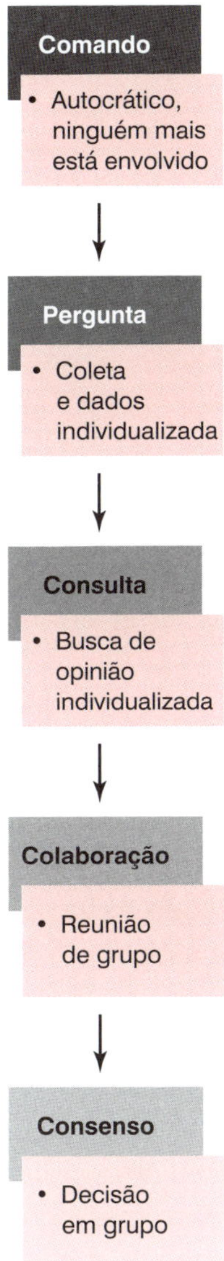

Um extremo é ser ditatorial e adotar um estilo de "autoridade e controle", em que você toma as decisões sozinho, sem envolver nem consultar outras pessoas. Por exemplo, você pode decidir quais são as tarefas do projeto e simplesmente dizer às pessoas que as executem. No outro extremo você permite que o grupo decida os objetivos relevantes a alcançar, por meio de uma estratégia de consenso.

Esses são os dois extremos do *continuum* da liderança havendo, evidentemente, estágios intermediários. Você pode optar por fazer perguntas aos principais gerentes a fim de confirmar fatos, como questionar os objetivos estabelecidos, ou pode consultá-los individualmente ou em grupo e pedir sua opinião – mas ainda assim tome você mesmo as decisões.

Então existe um estilo preferido para o papel de gerente de projeto? A verdade é que não há uma resposta certa ou errada, e sua escolha irá variar dependendo da situação. Os gerentes de projeto que utilizam a Via Expressa avaliam cada situação rapidamente e são flexíveis o suficiente para adaptar seus estilos de acordo com três critérios – tempo, comprometimento e qualidade, como ilustrado a seguir.

1 **Envolver outros aumenta tanto o atraso no *tempo* de tomada de decisão quanto o número de pessoas e o tempo envolvidos no processo decisório.** O extremo é a "paralisia da análise", em que os projetos têm dificuldade para decolar devido à necessidade percebida de consultar a todos os envolvidos logo no início. Além disso, quando decisões rápidas precisam ser tomadas para se reagir prontamente aos eventos, envolver outros no processo de tomada de decisão pode ser contraproducente.

2 **O segundo critério é o *comprometimento*.** Contanto que a equipe respeite seu gerente de projeto e quanto mais as pessoas se sentirem envol-

vidas, mais provavelmente se comprometerão com as decisões e apoiarão ativamente a implementação do projeto e as atividades.

3 **A terceira dimensão é a *qualidade*.** Não faz sentido tomar decisões sozinho, se você carece dos fatos ou da experiência – você simplesmente estará correndo o risco de ver o projeto fracassar e estará expondo sua reputação como gerente de projeto e tomador de decisão eficiente.

Reflita sobre seu estilo de liderança usando o modelo de envolvimento. Qual o seu estilo preferido? Quando um estilo de consenso seria mais adequado e quando um estilo de comando seria mais eficaz? Embora todos tenham um estilo preferido, os gerentes de projeto que utilizam a Via Expressa sentem-se à vontade operando em todos os pontos do *continuum*, mas para isso eles terão desenvolvido habilidades apropriadas. Algumas dessas habilidades estão listadas a seguir.

- **Comando.** Capacidade de analisar a situação, resolver problemas sozinho, tomar decisões, pensar adiante, proativamente, e habilidades de gerência, além da disposição e da capacidade de dizer aos outros o que fazer.
- **Pergunta.** Capacidade de fazer perguntas abertas e restritas e, o mais importante, ouvir as respostas sem interromper, de modo a dispor de fatos suficientes para tomar a decisão.
- **Consulta.** Disposição e capacidade de ouvir bem o que os outros estão lhe dizendo, notando os sinais mais sutis, como sentimentos e opiniões, além da capacidade de buscar propostas de outras pessoas.
- **Colaboração.** Capacidade de gerenciar reuniões eficientemente, com objetivos, agenda e logística claros, assim como disposição para desafiar o grupo, discutir maneiras de encaminhar e gerenciar conflitos em que existam diferenças de opinião.
- **Consenso.** Capacidade de definir limites para o grupo, estabelecer o consenso em uma equipe e obter o comprometimento com os resultados, lembrando que nem todos precisam concordar com a decisão do grupo, mas devem se comprometer com ela.

Instrução (*Coaching*)

Embora não faça parte do modelo de liderança formal anterior, a instrução também deve ter um papel em seu desenvolvimento pessoal, assim como no desenvolvimento dos membros de sua equipe. Diz-se que, se você quer dominar uma disciplina em particular, ensine-a. Os gerentes que utilizam a Via Expressa desenvolvem excelentes habilidades de ensino – ajudando as pessoas a desenvolver habilidades básicas ou a transpor obstáculos.

O COMPROMETIMENTO CORRETO

Aqui não se trata tanto de seu comprometimento, mas de obter o melhor dos outros. Admitimos como certo seu comprometimento como gerente de projeto que utiliza a Via Expressa, pois você não pode motivar outras pessoas se não estiver totalmente motivado.

Obtendo o melhor da equipe de projeto

Quer as pessoas da empresa se reportem a você ou simplesmente contribuam com suas atividades de projeto, pense com cuidado sobre como vai mantê-las motivadas. Primeiramente, concentre-se no **comportamento** que lhe interessa. Talvez você queira que as pessoas se envolvam no planejamento de um projeto ou na entrega de uma tarefa específica. Seja como for, o comportamento delas será determinado pelo que vem antes do que precisam para executar a tarefa, os chamados **antecedentes**, e pelo que vem depois, conhecido como **consequências**:

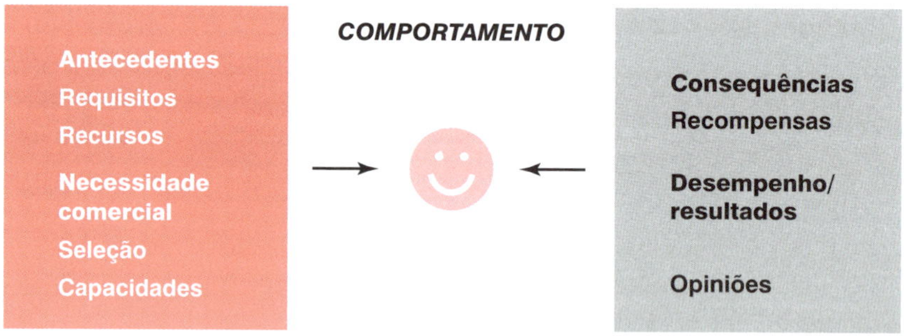

- **Antecedentes.** Tão logo tenha certeza de ter escolhido as pessoas certas para a tarefa, prepare-as para o sucesso, deixando claro o que se espera delas e quais devem ser os resultados. As metas devem ser expansíveis, mas não devem forçar demais as pessoas, pois isso pode causar desmotivação. Crie objetivos e tarefas claros e compreensíveis. Eles devem refletir a necessidade comercial em alto nível, mas também a experiência e as habilidades dos membros do projeto em um nível mais baixo. Por fim, pense nos recursos de que as pessoas precisarão para ser eficientes. Isso pode incluir tempo, instalações, materiais, equipamentos, dados e orçamento.

- **Consequências.** Examine detidamente cada tarefa e avalie as consequências naturais para cada pessoa. Isso pode ser destilado no "fator WIIFM". WIIFM (sigla inglesa da sentença "What's in it for me?") significa "O que há nisso para mim?" Se fizerem um excelente trabalho, o que acontecerá com as pessoas ou que benefícios receberão? Esses benefícios incluem não somente bônus, etc., mas também outros elementos que ajudem a motivar a pessoa. Evite as situações em que existam consequências positivas por um trabalho mal feito. Por exemplo, se alguém não implementa um novo projeto eficientemente porque deseja mudar de projeto, encontre uma maneira de garantir que isso não aconteça. Inversamente, pense em maneiras de utilizar as consequências para promover um comportamento positivo. Por exemplo, se alguém chega tarde para o início de uma reunião de projeto, peça a essa pessoa que registre os problemas no *flip chart* ou tome nota dos procedimentos. O modo mais eficiente de manter as pessoas motivadas costuma ser o uso de recompensas naturais (não financeiras), como permitir que façam apresentações para altos gerentes, acompanhem um projeto até sua conclusão, ou dizer-lhes, pessoalmente, um simples "obrigado".

Pense sobre a próxima reunião da equipe de projeto que você realizará e utilize o modelo para verificar se a preparou para ser bem-sucedida. O que você precisa pôr em funcionamento em termos de antecedentes e o que precisa fazer para garantir que as consequências da participação sejam positivas? Por exemplo:

Antecedentes	• Certifique-se de que o projeto esteja relacionado a uma necessidade comercial atual • Elabore um convite de participação que inclua o perfil, um conjunto de objetivos e uma agenda com o cronograma (permita tempo suficiente)

(Continua)

(Continuação)

	• Convide as pessoas certas para obter as habilidades corretas e garanta que elas entendam os processos que você utilizará – converse uns cinco minutos com cada uma delas para esclarecer as expectativas • Certifique-se de que a sala disponível seja suficientemente ampla, tenha bastante luz natural, estimule a criatividade e tenha o *layout* apropriado • Alguns dias antes, mande um lembrete por *e-mail* pedindo a todos os participantes que se certifiquem de que a reunião anotada está em suas agendas • Pense nos riscos – o que poderia dar errado – e planeje ações atenuantes
Comportamento	• A equipe discute e planeja o projeto no nível de detalhes que você estipulou • O "sucesso" seria um plano de projeto com o qual a equipe se compromete
Consequências	• Certifique-se de que os *stakeholders* relevantes estejam cientes das implicações do projeto, especificamente dos recursos necessários • Reserve um orçamento para um jantar com a equipe, como uma maneira de estimular uma futura participação e de celebrar o sucesso • Providencie para que alguém registre os resultados e faça-os circular entre a equipe dentro de poucos dias • Ao final da reunião, agradeça a todos por suas contribuições, escolhendo uma ou duas pessoas para um elogio particular

CRIE O AMBIENTE CORRETO

Por que isso é importante?

Você e sua equipe podem estar desenvolvendo planos de projeto altamente complexos, mas, sem uma cultura de incentivo, os principais *stakeholders* não irão "aderir", e seu projeto será apenas mais uma iniciativa que desaparecerá silenciosamente. Mesmo que você tenha propiciado ao novo projeto a melhor chance de sucesso, seguindo um processo profissional e reunindo os dados corretos, ainda assim precisará fazer as pessoas-chave o acompanharem, senão o projeto sairá dos trilhos rapidamente.

Um ambiente conveniente para um gerenciamento de projetos eficaz depende da cultura que você cria como líder de sua equipe e do ambiente físico em que as pessoas trabalham. Ambos devem colaborar para a geração de ideias criativas e a implementação rigorosa dos projetos – para que o gerenciamento de projetos prospere e seja um sucesso, esses dois componentes são necessários.

Qual a melhor cultura?

Não existe uma resposta certa para isso, e ela varia de acordo com seu estilo preferido e com o contexto ou situação empresarial em dado momento. A empresa pode ter uma cultura e a equipe seguir outra. Contudo, existem componentes básicos que tendem a resultar em um ambiente mais propício para o bom gerenciamento de projetos, independentemente da cultura predominante em sua empresa. São eles:

- **Desafio criativo.** Crie um ambiente de desafio e confrontação, mas certifique-se de que ele seja positivo. É fácil criticar uma contribuição, mas certifique-se de que, quando você ou um membro da equipe fizer isso, proponha uma alternativa ou esteja preparado para procurar uma.
- **Isenta de acusações.** Tentar definir o escopo dos projetos sempre envolve certo grau de incerteza e risco. Isso significa que nem sempre as pessoas o entenderão totalmente e que nem todas as ideias serão boas. Quando as más ideias são excessivamente criticadas, as pessoas logo param de apresentar novos conceitos ou maneiras de melhorar os projetos, com medo de ser ridicularizadas.

> Dica
>
> **Dica rápida Responsabilidade**
>
> Peça a quem for responsável por uma atividade ou por um grupo de atividades que forneça suas datas de início e fim estimadas e as mantenha inalteradas.

- **Limites éticos.** Faça uma escolha sobre o que você estará e não estará preparado para considerar. Além de declarar suas crenças – o que está certo e o que está errado –, você também esclarecerá os limites para os outros. Em qualquer setor de atividade haverá a possibilidade de economizar dinheiro, desprezar a legalidade e, por exemplo, comportar-se com mais ou menos consciência ecológica. Pense nas questões que afetam a você e a seu setor de atuação e tome decisões dentro dos limites que estabelecer. Isso definirá as bases nas quais você irá gerenciar outras pessoas, assim como os projetos.

- **Organização de aprendizagem.** Trabalhe com afinco para criar uma cultura na qual as pessoas aprendam umas com as outras e com projetos passados. Não há nada mais desmoralizante do que executar um projeto que fracassa, apenas para descobrir que alguém já havia cometido exatamente o mesmo erro vários anos antes. Essa é uma disciplina que precisa ser incorporada à cultura da equipe. Um banco de dados de lições aprendidas em projetos não é apenas um requisito técnico para um escritório de projetos eficiente, mas também ajuda a construir a cultura de pessoas-habilidades necessária para o melhoramento contínuo do projeto.

A função do escritório de projetos

A maioria das empresas não dispõe de um escritório de projetos (PMO); assim, grande parte da atividade de gerenciamento de projetos ocorre no curso dos eventos rotineiros – por exemplo, quando um vendedor se reúne com um cliente ou quando as pessoas conversam enquanto tomam café ou uma bebida após o trabalho. Já nas empresas maiores há lugar para um escritório de projetos.

Eis algumas das principais funções desempenhadas por esse escritório:

- instruir e desenvolver pessoal novo – criando um centro de excelência de projeto dentro da empresa;
- auxiliar as equipes de projeto no planejamento e na solução de problemas de projeto – oferecendo uma fonte de apoio e aconselhamento;
- promover a revisão formal do projeto ou do portfólio por meio de um grupo de revisão de projeto (tal processo é facilitado significativamente tendo-se as instalações e o equipamento corretos à mão, sendo que as empresas mais avançadas terão uma instalação exclusiva para esse propósito);
- gerenciar recursos do portfólio;
- garantir a padronização entre projetos no tocante a sistemas, etc.;
- formular a estratégia e o método de projeto;
- examinar todos os projetos;
- compartilhar a melhor prática de projeto dentro da empresa.

No PMO, o portfólio de projetos sempre estará visível e manterá os projetos individuais a par do quadro global. Periódicos e livros darão acesso ao mais recente pensamento em gerenciamento de projetos, assim como às técnicas comprovadas. Haverá também uma biblioteca de administração on-line – fornecendo relatórios eletrônicos que abordam cada aspecto do gerenciamento de projetos como disciplina. O processo de gerenciamento de projetos padrão será apresentado no formato de fluxograma e haverá listas de verificação e modelos abordando todos os projetos subsequentes. Por fim, enquanto a instalação estimula uma estratégia sistemática para o gerenciamento de projetos, haverá oportunidade para inovação e pensamento criativo. O escritório também estimulará descobertas e aprendizado a partir de sucessos e fracassos de projeto, recebendo e compartilhando o conhecimento entre as equipes.

Dependendo do grupo, você pode optar por usar um computador com *software* para a construção de *mind-mapping* conectado à tela de um projetor, ou pode usar *post-its* presos na parede. Em ambos os casos, certifique-se de que o processo de captura, consolidação e triagem das ideias não atrapalhe o novo pensamento.

Certifique-se de que a regra vital do planejamento em equipe esteja em vigor – o chefe da equipe não deve impor suas ideias à equipe. Na verdade, a melhor ideia pode muito bem vir do membro mais novo da equipe – afinal, essas são as pessoas com menor probabilidade de acreditar que a maneira como fazemos as coisas há anos deve estar certa. Se a equipe achar que não será ouvida a menos que sua visão esteja de acordo com a do líder, logo ela deixará de contribuir.

MONTANDO A EQUIPE

O que constitui uma boa equipe?

Então você possui um excelente estilo de liderança, flexível o suficiente para lidar com diferentes estágios e situações do projeto, e tem à disposição diversas pessoas altamente motivadas e habilitadas a trabalhar, mas isso não as torna necessariamente uma excelente equipe. Sendo assim, o que as equipes de gerenciamento de projetos fazem que as diferencia dos executores comuns? Leia a lista de verificações a seguir e reflita sobre o que você precisa fazer como líder da equipe para garantir o sucesso.

- **A equipe terá muita clareza em suas metas e um verdadeiro senso de objetivo.** As equipes que utilizam a Via Expressa terão uma clareza de visão tal que saberão como querem ser lembradas muito tempo depois de terem sido dispersadas. O diferenciador básico entre "grupo" e "equipe" é uma meta comum e entusiasticamente combinada.

- **A equipe terá um líder competente e empolgado.** Esse líder dará orientações, apoiará os membros da equipe e estará disposto a arcar com a responsabilidade quando as coisas não correrem conforme o planejado. Frequentemente ele não é o perito ou especialista, mas sabe como reunir os conhecedores do assunto e como fazê-los trabalhar eficientemente como uma unidade.
- **As equipes que utilizavam a Via Expressa também aceitam que as coisas mudarão e podem agir com flexibilidade para recolocá-las no caminho certo.** Elas estão dispostas a reavaliar as situações rápida mas tranquilamente, explorar opções criativas para lidar com possíveis mudanças e seguir adiante.
- **Elas terão valores comuns e um conjunto de princípios operacionais.** Embora as equipes sejam compostas de pessoas com diversas habilidades e experiências, elas precisam ser unificadas por crenças comuns. Valores comuns frequentemente proporcionarão à equipe enorme energia e comprometimento.
- **De modo ideal, os valores comuns propiciam um respeito geral e o apreço mútuo, com os membros da equipe confiando uns nos outros e genuinamente se divertindo em trabalhar juntos.** As forças armadas sempre garantem que suas equipes passem algum tempo trocando experiências em um ambiente seguro, antes de serem solicitadas a colocar suas vidas em risco.

> **Dica rápida** Confiança
>
> Certifique-se de que a equipe principal de projeto seja composta de pessoas em quem você realmente confia. Quando houver pressão, você precisará contar com elas totalmente.

- **Existirão problemas para resolver, mas as equipes que utilizam a Via Expressa os enfrentarão rapidamente e com sensibilidade, antes que se tornem críticas.** Para isso, elas precisam manter uma comunicação aberta e honesta, e trabalhar em um ambiente isento de acusações.
- **Por fim, a equipe será equilibrada em relação às habilidades e capacidades de seus membros e às funções que cada um deles exerce.** A

equipe terá pessoas capacitadas para o desafio criativo, mas também precisará de pessoas dispostas a fazer o trabalho com afinco e apresentar os resultados. Talvez você queira atribuir a elas funções que refletiam diferentes maneiras de pensar, como ilustrado pelos "seis chapéus"* de Edward de Bono (veja a figura a seguir)[2]. Talvez você não queira atribuir essas funções, mas pensar em quais membros de sua equipe trabalham naturalmente com um desses chapéus o ajudará a tirar o máximo proveito de seu pessoal e a preencher as lacunas em potencial.

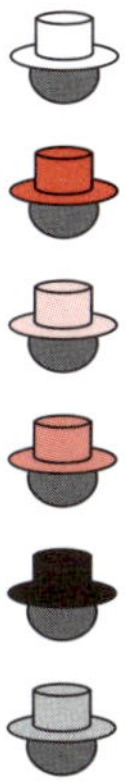

- Branco — Foco na evidência e nos fatos
- Vermelho — Foco na emoção e na intuição
- Amarelo — Foco no positivo – porque isso funcionará
- Verde — Foco no pensamento lateral e no *brainstorming*
- Preto — Foco no negativo – advogado do diabo
- Azul — Foco na avaliação – prós e contras

Frequentemente, as equipes de projeto operam como uma "equipe virtual", trabalhando independente de departamentos e limites geográficos. Nesses casos, os princípios das boas equipes tornam-se ainda mais importantes, pois a influência do líder é dissipada quer pelo controle hierárquico, quer pela distância geográfica.

Como devo desenvolver a equipe?

Assim como você precisa desenvolver as habilidades dos membros de sua equipe individualmente, precisa também transformá-los em uma equipe forte e eficiente. Examine essa lista de atributos de uma boa equipe e tome nota de qualquer área onde, a seu ver, haja necessidade de aprimoramento.

Em seguida, avalie onde você acha que a equipe está agora, no que diz respeito a seu estágio de desenvolvimento. Isso é particularmente importante

* N. de E. Como esta edição está impressa em duas cores, não é possível reproduzir as cores atribuídas por Edward de Bono.

[2] de Bono, Edward (1986), *Six Thinking Hats*, Harmondsworth: Viking.

para aqueles que trabalham na área de gerenciamento de projetos, pois muitas vezes as equipes se formam em tempo parcial – reunindo-se para eventos como reuniões da equipe de projeto ou a implementação de uma iniciativa. Cada equipe passará por vários estágios de desenvolvimento, sendo seu papel como líder reconhecer onde elas estão e tomar uma atitude a fim de que passem a um estágio no qual sejam mais produtivas. Considere o modelo a seguir[3]:

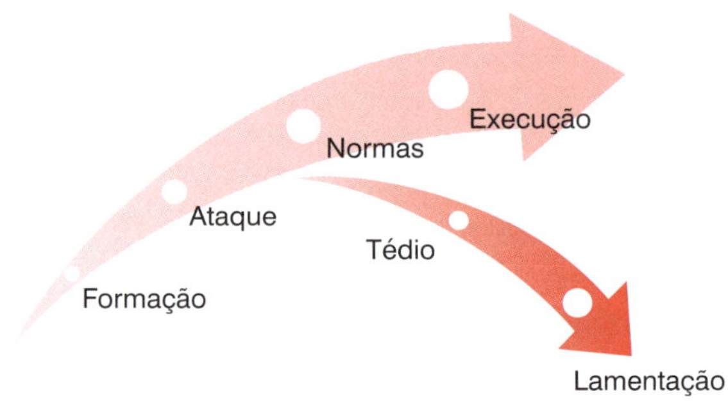

Estágio	Descrição	Ações da liderança
Formação	O grupo é reunido pela primeira vez e precisa passar algum tempo se conhecendo e sabendo com o que cada um vai contribuir. Isso é típico de uma reunião inicial da equipe de projeto. A equipe é composta por membros de uma variedade de departamentos que normalmente não trabalham juntos.	Pense cuidadosamente sobre quem vai envolver em cada equipe em potencial e certifique-se de que exista um equilíbrio em termos de diferentes funções, habilidades e experiência. Permita que as pessoas se conheçam pessoalmente e defina tarefas simples para deixar que elas trabalhem juntas pela primeira vez e obtenham uma vitória rápida.
Ataque	Inicialmente, cada uma delas estará disposta a colaborar e desejará opinar sobre quem cumpre qual função e quem terá a maior influência sobre os resultados. Se isso não for administrado cuidadosamente, o grupo pode se tornar muito "político", com as pessoas fazendo manobras para conseguir poder e posições. Isso pode resultar em uma espiral descendente em matéria de eficácia.	Certifique-se de que as primeiras tarefas sob a responsabilidade do grupo sejam simples e resultem em sucesso. Estabeleça funções e comunique-as claramente, para que todos saibam qual é sua contribuição. Sempre haverá potencial para conflitos; portanto, procure-o e busque o consenso nas principais decisões logo de início.

[3] Conceito desenvolvido por Bruce Wayne Tuckman no artigo "Developmental sequence in small groups", 1965 (**www.infed.org/thinkers/tuckman.htm**).

Estágio	Descrição	Ações da liderança
Normas	À medida que as coisas se estabeleçam, a equipe precisará adotar normas relativas ao trabalho conjunto. Isso precisa abranger as disciplinas de tomada de decisão, comunicação e reunião. Sem processos comuns, muita energia e entusiasmo da equipe podem ser desperdiçados.	Deixe claro o que acontecerá em cada reunião e que haverá objetivos consensuais, uma agenda com cronogramas e recursos apropriados. Comunique seu estilo de liderança e as circunstâncias nas quais buscará as opiniões da equipe.
Execução	Agora a equipe deverá ter funções claras e estar trabalhando eficientemente como uma unidade. É aí que os resultados são produzidos, e você precisa manter a equipe nesse caminho positivo e eficiente. Ela é agora conscientemente uma equipe, e não um grupo.	Monitore o desempenho regularmente e aja com presteza para resolver os problemas, antes que se tornem críticos. Passe um tempo com cada um dos membros da equipe, para mantê-los motivados.
Tédio	No caso das equipes que estão juntas há muito tempo, existe o perigo de deixarem de desafiar a maneira como trabalham. Isso é comum em projetos grandes, em que as pessoas podem cair na rotina facilmente. Se passar despercebido, a equipe pode ficar entendiada e o desempenho pode diminuir rapidamente.	Encontre maneiras de desafiar constantemente a equipe como um todo e cada membro individualmente. Pense na possibilidade de admitir novos membros ou de fazer rodízio de tarefas e funções. Talvez chegue um momento em que você precisará ajustar os objetivos da equipe de maneira fundamental, para fazê-la parar e reavaliar o que está realizando.
Lamentação	Por fim, para equipes de alto desempenho sempre existe um grande sentimento de perda quando um membro estimado vai embora. Mesmo que seu substituto tenha o perfil correto, pode haver resistência e a equipe voltar efetivamente ao estágio de "formação".	Quando as pessoas deixarem a equipe, por bons ou maus motivos, pense cuidadosamente sobre a transição. Concentre-se em alguns dos problemas pessoais mais delicados dentro da equipe – e não simplesmente na atualização do plano.

Dica

Dica rápida Objetivos

Seja o mais ambicioso que puder, mas evite comprometer-se com o impossível. Existem "metas desafiadoras" e existe o "impossível".

EM RESUMO

Com muita frequência, o gerenciamento de projetos é visto em termos de habilidades técnicas 'difíceis', e as pessoas são treinadas de forma correspondente. Contudo, cada vez mais as empresas estão percebendo que o segredo para o sucesso dos projetos está nas habilidades das pessoas – são elas que tornam os projetos bem-sucedidos, e não os sistemas e processos. Portanto, embora tenhamos falado sobre "gerenciamento" de projetos e nos referido ao longo de todo o livro ao "gerente" de projeto que utiliza a Via Expressa, o que queremos enfatizar é a necessidade de ele também (ou em vez disso) tornar-se um "líder" de projeto. Essa diferença sutil sintetiza as habilidades pessoais exigidas para um gerenciamento de projetos eficiente.

Neste capítulo, evitamos conscientemente nos referir a essas habilidades pessoais como habilidades 'fáceis'. Isso porque descobrimos, depois de muitos anos gerenciando pessoas, dentro como fora de projetos, que não é nada fácil administrá-las. Na verdade, esse provavelmente é o maior desafio que você encontrará como gerente de projeto que utiliza a Via Expressa.

PARE – PENSE – AJA

Pergunte-se até que ponto você está liderando bem a equipe e procure maneiras de melhorar seu desempenho. Isso será importante para seu sucesso, pois você não poderá atingir seus objetivos trabalhando sozinho, sendo que, na área do gerenciamento de projetos, a implementação do projeto é frequentemente obtida por meio de equipes multifuncionais, em que você não terá necessariamente controle direto sobre as pessoas.

Pense sobre o quanto a equipe está funcionando bem. Que posição ocupa cada indivíduo no modelo "da formação à lamentação"? Reflita também sobre quais grupos afetados pela mudança não estão na seção "comprometidos" do modelo DREC.

O que devemos fazer?	Que atitudes precisamos tomar para montar a equipe?
Quem precisamos envolver?	Quem precisa estar envolvido e por quê?
De que recursos precisaremos?	Que nível de investimento seria necessário?
Qual é o cronograma?	Quais prazos finais precisamos cumprir?

Visite o *site* **www.Fast-Track-Me.com** para ter acesso à ferramenta de planejamento *on-line* deste livro.

P2M, a metodologia que apoia a construção de infraestruturas empresariais complexas

Professor Christophe Bredillet

"Nos anos 1990, as empresas japonesas experimentaram uma depressão deflacionária denominada 'os dez anos perdidos'. Para sobreviver a essa depressão e lutar para recuperar sua competitividade global, elas procuraram soluções no *kaikaku* (reformas) do gerenciamento empresarial, das organizações e da tecnologia. Observamos que as empresas que utilizaram a propriedade intelectual da organização como um todo e ofereceram benefícios intangíveis foram mais bem-sucedidas em suas reformas do que aquelas que se concentraram exclusivamente em suas capacidades tecnológicas. De maneira específica, as empresas bem-sucedidas fizeram esforços no planejamento e na execução de negócios estratégicos que mudariam a estrutura de criação de valor para a próxima geração. Essas empresas tinham algo em comum: aplicaram um novo paradigma de gerenciamento de projetos e a estrutura relacionada. Chamamos isso de 'gerenciamento de projetos *kaikaku*' (KPM – *kaikaku project management*). Com base nas observações anteriores, em constatações e no paradigma KPM, uma nova estrutura japonesa para gerenciamento de projetos e programas – denominada P2M: gerenciamento de projetos e programas para inovação empresarial – foi desenvolvida em 2000–1 e, desde então, tem sido utilizada como guia padrão para educação e certificação[4].

O gerenciamento de programas na P2M consiste em uma metodologia para apoiar os gerentes na construção de sistemas infraestruturais complexos, para compreender valores e benefícios intangíveis, assim como na execução de projetos dentro de sistemas hierárquicos mais tradicionais. Nesse método, o gerenciamento da integração ocupa o centro do gerenciamento de programas. O processo de gerenciamento da integração primeiro esclarece a estratégia empresarial, depois desenvolve um conjunto de projetos a serem executados independentemente e, por fim, integra seus processos de implementação. Os gerentes de programa sempre precisam enfrentar o dilema de simplificar o conceito – procurando a essência dos programas na primeira fase – e então, na última fase, projetar sistemas complexos. Gerar novo valor sempre significa

---

4 Bredillet, C. (2007), "'Kaikaku' project management: investigating the Japanese answer to the 90s depression", nas atas do congresso da European Academy of Management (EURAM); Bredillet, C. (2009), "Scientific Theory of Project Management", em S. Ohara e T. Asuda (eds.), *Japanese Project Management: A New Project Management Paradigm*, London: World Scientific Publishing.

incerteza, de modo que o risco é inerente à natureza dos programas e precisa ser levado em conta ao longo do gerenciamento da integração.

A P2M institucionaliza uma nova maneira de compreender o gerenciamento de projetos e programas, propondo uma estrutura flexível e adaptável fundamentada em uma perspectiva equilibrada e integrada, combinando uma visão racional e criativa do mundo. Indo bem além da maioria dos padrões existentes, a P2M oferece um vínculo claro entre estratégia (visão e missão) e a maneira de implementá-la mediante programas e projetos. Ela fornece uma estrutura flexível e adaptável, e não apenas 'a melhor maneira' ancorada em um paradigma ocidental positivista e racionalista de fazer as coisas. A P2M diferencia claramente os programas nos projetos e sua hierarquia. Ela propõe uma abordagem específica para tratar de programas e projetos. Além disso, o controle do gerenciamento de projetos e programas é o sistema de administração que permite responder e agir de acordo com as exigências de uma ampla gama de *stakeholders* por níveis cada vez mais altos de responsabilidade e desempenho. Aqui, o controle é baseado em dois critérios: responsabilidade e desempenho. A responsabilidade é promovida por meio da transparência e o desempenho, por meio da tomada de decisão receptiva e responsável. A P2M tem incluído essas dimensões na estrutura inteira. As competências da empresa são consideradas o determinante mais relevante da vantagem competitiva e da geração de valor. A P2M reconhece que as competências e o aprendizado estão no centro da geração de valor. Em resumo, o aprendizado e a prática são integrados – a ênfase é colocada no que parecem ser alguns dos principais pontos fortes da P2M:

- Modelos são fornecidos para pronta recuperação de padrões de prática básicos.
- Estruturas padronizadas são incorporadas às lições aprendidas do setor, acumuladas através do ciclo experimentar-memorizar-recordar-aplicar, o que ajuda a adquirir capacidade de julgamento.
- Profissionais de projeto desenvolvem competências profissionais por repetirem a dedução, previsão e aplicação, seguindo as estruturas padrão fornecidas.
- Na P2M, os casos facilitam a experiência analogicamente situada e o aprendizado simulado.
- A estrutura é projetada de forma a permitir a aplicação e a experiência contextual, analógica e situacional, bem como o aprimoramento contínuo. ”

Capítulo 8

Chegando ao Topo

Acreditamos firmemente que, como disciplina, o gerenciamento de projetos não pode mais ser percebido como uma especialização limitada ao departamento de engenharia ou de TI. Historicamente, essas duas áreas foram a "casa" do gerenciamento de projetos, mas, à medida que as empresas percebem a necessidade de proporcionar valor a todas as coisas, o gerenciamento de projetos passa a ser uma habilidade importante para todos os gerentes, independentemente do setor de atuação, da disciplina ou do nível administrativo. Atualmente, acreditamos haver dois caminhos distintos que os gerentes iniciantes no gerenciamento de projetos podem seguir.

1 **A primeira opção é a de um gerente de projeto "profissional" atuando em tempo integral.** Se esse é seu caminho escolhido e você deseja tornar o gerenciamento de projetos e programas sua área de especialização, procure obter algum tipo de credenciamento mediante organismos como a Association of Project Managers (APM) ou o Project Management Institute (PMI). Descubra o que é apropriado para você e tome providências para tornar-se um gerente de projeto profissional de tempo integral.

2 **O segundo caminho é desenvolver sua habilidade ou qualificação em gerenciamento de projetos, sem que este se torne seu trabalho ou função central.** Aqui, você desenvolve sua qualificação em gerenciamento de projetos dentro do contexto de sua área de trabalho atual. Por exemplo, tornar-se mais experiente no gerenciamento de projetos dentro da área de *marketing* ou vendas ou no atendimento aos clientes. Essas áreas de trabalho provavelmente orientarão sua rota de promoção e atividade, mas habilidades bem desenvolvidas no gerenciamento de projetos serão um fator decisivo que o ajudarão a se destacar entre seus colegas. Tal opção não é

menos profissional do que a primeira, mas o caminho do desenvolvimento da carreira difere consideravelmente em matéria de ênfase e qualificações.

O DETERMINANTE DO DESEMPENHO

Seja optando pelo gerenciamento de projetos em tempo integral ou fazendo uso de habilidades em gerenciamento de projetos como parte de seu trabalho, os gerentes que utilizam a Via Expressa devem saber o que é importante e o que não é. Eles se concentram nos indicadores-chave de desempenho (KPIs) que têm o maior impacto na empresa. Reservam regularmente um tempo para refletir sobre o passado, a fim de aprender com o que deu certo ou identificar o que poderia ser melhorado, e pensam adiante, para que as preocupações possam ser resolvidas antes que se tornem críticas. Sempre superando as expectativas, eles se destacam do grupo e serão automaticamente considerados para uma promoção no momento apropriado. Evidentemente, isso é válido para todas as disciplinas e áreas de especialização, mas obter a reputação de apresentar resultados no prazo e dentro do orçamento é fundamental para os líderes de projeto.

Dica rápida Recursos

Esteja sempre preparado para justificar sua escolha de recursos, datas e orçamentos, utilizando, para tanto, dados reais e relevantes do projeto.

Examine o desempenho passado

Para orientar seu desempenho na empresa e chegar ao topo na área de gerenciamento de projetos escolhida, nossa experiência diz que a compreensão do desempenho passado é um ponto de partida muito bom. Sem um entendimento do que funcionou bem e do que não funcionou, corremos o risco de reinventar a roda e fazer mudanças desnecessárias – as quais não farão nenhum bem a nossa reputação.

Como gerente de projeto que utiliza a Via Expressa, você deve examinar, em um nível macro, como seus projetos e a empresa como um todo se comportaram durante o último período estratégico – digamos, de dois a três anos. Qual é a tendência e quais são os problemas específicos que atrapalham os projetos ou o desempenho? Pergunte a si mesmo como você irá colher essas informações e como outros poderão aprender com elas. Essa análise ou "auditoria" deve sugerir onde você pode trabalhar para melhorar o futuro desempenho na área de gerenciamento de projetos e programas.

Prioridades atuais

Considerando o que aconteceu no passado, é interessante examinar as iniciativas atuais e se a assim chamada "lacuna de desempenho" será preenchida. Aqueles que estiverem envolvidos no gerenciamento de projetos e programas precisarão compreender o seguinte:

- Quais programas estão em andamento para melhorar o desempenho do gerenciamento de projetos?
- Quais projetos estão em andamento e qual é sua probabilidade de sucesso – isto é, eles estão no caminho certo?
- Quais mecanismos estão em vigor para lidar com os problemas que surgirem nos projetos?

Relacione essas constatações com os dados da auditoria encontrados anteriormente (consulte o Capítulo 2). Existe uma tendência? Para chegar ao topo dentro do gerenciamento de projetos em sua empresa, você precisa lidar com o ambiente no qual os projetos e programas são realizados, além de garantir que os projetos individuais que estiver gerenciando sejam bem-sucedidos.

Intenções e ações futuras

Tendo uma visão mais ampla do que a de simplesmente melhorar projetos individuais – isto é, planejar o ambiente em que seus projetos operam (conforme discutido no Capítulo 5 deste livro) –, você estará formando uma opinião estratégica de prazo mais longo sobre o gerenciamento de projetos e programas. Isso traz grandes vantagens para o esforço investido na avaliação de projetos passados e no planejamento de novas maneiras de fazer as coisas. É precisamente essa mentalidade que distingue os pensadores estratégicos de outros gerentes de projeto competentes. Pense sempre em como melhorar o modo como os projetos são gerenciados – o processo – e em como gerar o valor de um projeto individual – o conteúdo.

Nos níveis mais altos da empresa, os diretores são sempre estimulados a ter uma visão mais ampla e a pensar em termos de melhorar os processos, em vez dos projetos. Para o gerente de projeto que utiliza a Via Expressa, essa é sempre uma boa dica a seguir, caso você queira ter sucesso no futuro.

PROVOQUE O DESAFIO

Desafie-se constantemente

As empresas nunca ficam paradas e, como indivíduos, desenvolvendo novas habilidades e capacidades, também não devemos estagnar. A coisa mais fácil a fazer é repousar sobre os louros, mas na empresa moderna a reputação de conduzir a mudança é procurada e valorizada. Busque maneiras de introduzir desafios para você e sua equipe regularmente, com o objetivo de apresentar ideias, ferramentas e técnicas de líderes reconhecidos na área de gerenciamento de projetos e programas.

Quando possível, estabeleça sistemas ou processos para reunir e coletar informações de diferentes grupos. Considere os grupos que possam não pensar como você e ter uma "compreensão" diferente de como seus projetos devem ser gerenciados ou encarados. Isso poderia incluir:

- **Outros departamentos e equipes dentro de sua empresa.** Em uma empresa de grande porte, pode haver outras equipes gerenciando projetos com muito sucesso, usando sistemas, técnicas e processos que você desconhece. Não raro ficamos impressionados ao ver quantas vezes as empresas possuem múltiplos processos e sistemas para gerenciar projetos e programas que não são comunicados internamente. Como consultores, em geral começamos fazendo perguntas internamente, e na maioria das vezes as respostas podem ser encontradas, de uma forma ou de outra, dentro da empresa. As pessoas não comunicam as melhores práticas ou mesmo boas práticas por diversos motivos pessoais, organizacionais ou políticos. Criar uma "comunidade de prática" (CoP – *community of practice*) interna na qual você possa compartilhar ideias (boas, ruins ou indiferentes) é uma maneira excelente de desafiar a você mesmo e a seu próprio pensamento.

Dica rápida Vendendo novos projetos

Faça uma apresentação de um novo projeto para que as pessoas saibam que ele está acontecendo. Use técnicas de *marketing* dentro da empresa, para "vender" o projeto aos funcionários e aos gerentes.

- **Clientes.** Você já pensou em como os clientes gerenciam seus projetos? Talvez um cliente ou consumidor seja especialista em determinado campo ou área do gerenciamento de projetos. Talvez você o considere apenas um comprador de seus produtos ou serviços, mas pode haver mais coisas nesse relacionamento do que se vê superficialmente. Mude essa visão unidimensional de seu cliente e tenha-o como um parceiro de projeto (quando apropriado) – isso pode render dividendos. Por exemplo, Patrick lembra o PMO (escritório de projetos) de um grande banco multinacional. O escritório era o guardião do processo de gerenciamento de projetos do banco e organizava seus eventos de treinamento, assim como a publicação do guia de gerenciamento de projetos. O pessoal do escritório ficava muito contente por qualquer cliente ou fornecedor que compreendesse e/ou adotasse seus sistemas e processos, pois considerava isso uma maneira de trabalhar mais intimamente com ele.
- **Concorrentes.** O que seus concorrentes estão fazendo agora que poderia ser copiado? Como você vai obter essa informação? Muitas pessoas se esquecem de que, quando novos contratados começam a trabalhar em suas empresas, eles constituem uma rica fonte de informações. Contudo, frequentemente são avaliados apenas quanto à sua qualificação relativa ao conteúdo (*o que* eles sabem), e não quanto aos sistemas e processos de seus empregadores (*como* eles faziam as coisas). Não seja escrupuloso quanto a utilizar as estratégias de outras pessoas para gerenciar projetos. Customize, peça, empreste e reformule – todas essas são táticas válidas ao tentar melhorar o gerenciamento de seus projetos e programas.
- **Cadeia de suprimentos.** Assim como os clientes podem ter uma boa maneira de fazer as coisas, seus fornecedores também podem. Na verdade, muitas empresas procuram ativamente alinhar os processos comerciais básicos a fim de aperfeiçoar o fornecimento de bens e serviços para o mercado, e alinhar seu processo de gerenciamento de projetos ao de

seus fornecedores é uma maneira ideal de obter sinergias e benefícios. Temos visto muitos exemplos em que a adoção do processo de gerenciamento de projetos de um fornecedor importante é uma maneira rápida de criar seu "próprio" processo de gerenciamento de projetos. Com ferramentas de produção de relatórios de projeto *on-line* e projetos que incluem muitas tarefas e dados do fornecedor, os projetos poderão ser acelerados e os riscos, significativamente reduzidos, se houver um relacionamento ou associação "simbiótica" entre os fornecedores e o cliente.
- **Consultores do setor.** O que os especialistas estão recomendando para seu setor empresarial? Quais ferramentas e técnicas de descoberta eles desenvolveram? Você está vinculado a grupos de interesse especial (SIGs – *special interest groups*) de organismos de gerenciamento de projetos, como a APM e o PMI? Aqui, você está procurando conhecimento de conteúdo (o quê?), assim como conhecimento de processo de gerenciamento de projetos (como?).

Como me mantenho atualizado?

Além de trabalhar com outros grupos dentro e fora da empresa, pense cuidadosamente sobre quais fontes de conhecimento e ideias adicionais você deseja receber e com que frequência. Existem muitas informações disponíveis em uma variedade de fontes; portanto, você precisa ser seletivo, pois o tempo de que dispõe para ler é limitado e a qualidade pode ser variável. Manter-se atualizado não deve ser um fardo ou um incômodo; portanto, o segredo é ser seletivo e específico. Buscas e "dados" (ao contrário de "conhecimento") demais podem rapidamente atrapalhar e distrair.

São numerosos os lugares onde procurar informações sobre a última palavra em gerenciamento de projetos e programas. Escolha algumas fontes testadas e confiáveis e tente ser específico em relação às informações que você está procurando. A maioria dos *sites on-line* conta com um mecanismo por meio do qual você pode solicitar que novas postagens ou informações sejam enviadas por *e-mail* com certa frequência – mensalmente, semanalmente ou até diariamente. Procure as seguintes fontes:

- **Periódicos ou revistas do ramo.** Existem algumas publicações padrão na área do gerenciamento de projetos que frequentemente trarão informações sobre o pensamento mais recente ou sobre ferramentas e técnicas. Mas procure também revistas especializadas em sua área de negócio ou setor e veja se elas também dispõe de seções sobre gerenciamento de projetos. *Recomendação da série Via Expressa: tente convencer sua empresa a fazer uma assinatura anual de um periódico de grande relevância e, então, avalie seu valor. Certifique-se de fazê-lo circular dentro da empresa, depois que o tiver lido.*

- **Conferências.** Elas oferecem uma fonte útil de informações geralmente novas. Também são bons lugares para comunicar-se. Contudo, podem consumir muito tempo e ser dispendiosas. *Recomendação da série Via Expressa: é interessante conseguir a programação da conferência antecipadamente e escolher as sessões de maior interesse e pertinência para você. Procure identificar as pessoas relevantes para seus problemas e faça planos para manter contato com elas posteriormente.*
- **Comunidades de prática (CoPs).** São fóruns de discussão *on-line* entre pessoas com ideias afins, dentro de áreas específicas da "comunidade" do gerenciamento de projetos. *Recomendação da série Via Expressa: essas comunidades podem ser extremamente úteis ou um completo desperdício de tempo; portanto, faça um teste e veja o que você pode ganhar com elas. Muitas CoPs de gerenciamento de projetos concentram-se em certas plataformas de* software *ou metodologias específicas; portanto, tome cuidado para não se envolver desde cedo em algo específico demais, pois a relevância poderá ser limitada para você. Talvez você também queira pensar na possibilidade de formar seu próprio fórum, mas lembre-se de que precisará despender o tempo e esforço para montá-lo.*
- **Web.** Fornece informações disponíveis gratuitamente de muitas fontes, mas costuma ser desestruturada e pode atrapalhá-lo enquanto você percorre o enorme volume de material não relacionado. *Recomendação da série Via Expressa: trate a pesquisa na Internet como uma atividade séria, e não como navegação fortuita. Seja específico em suas buscas e estabeleça escalas de tempo específicas para reunir informações. Quando tiver encontrado* sites *úteis, marque-os como favoritos e participe deles ativamente, solicitando informações e fornecendo comentários ou dados.*
- **Organismos profissionais.** Quanto mais adquire experiência, mais importantes e úteis esses organismos podem ser para você e para sua em-

presa, pois frequentemente constituem uma fonte de recomendações e troca de informações gratuitas. *Recomendação da série Via Expressa: quando você já estiver em sua função por pelo menos um ano, inscreva-se para um período de teste inicial e veja que vantagens obtém. Reúna informações de terceiros a respeito de organizações de associação concorrentes e examine* sites *independentes para obter recomendações. No mundo do gerenciamento de projetos, a APM e o PMI são dois pontos de partida muito bons, mas faça sua própria busca. Existem muitos grupos menores enfocando áreas específicas do gerenciamento de projetos.*

- **Redes pessoais.** Nunca subestime as redes pessoais. Em muitas ocasiões, recebemos recomendações e informações de primeira linha de pessoas com as quais jamais pensaríamos entrar em contato por um dos meios supracitados. Muitas dessas pessoas encontram-se na interseção entre o mundo acadêmico e a prática e a maioria, se não todas, trabalha por conta própria. O número crescente de pessoas experientes que trabalham independentemente como fornecedoras em uma "carreira de portfólio" tem gerado toda uma força de trabalho de indivíduos experientes que, obviamente, não estão afiliados a organismos profissionais, *sites* ou CoPs. *Recomendação da série Via Expressa: as redes sempre dão resultado.*
- **Fast-Track-Me.com.** Todas as principais ideias, ferramentas e técnicas contidas na série Via Expressa estão disponíveis na Internet, no endereço **www.Fast-Track-Me.com**. *Recomendação da série Via Expressa: primeiramente, reserve 30 minutos para visitar e explorar o* site*. Ele contém uma valiosa fonte de dicas, ferramentas e técnicas, histórias, palavras de especialistas e auditorias* on-line *da série Via Expressa*.

Lembre-se de que, seja qual for sua fonte de informação, para maximizar os benefícios você precisa reservar tempo e fazer o esforço necessário. Contudo, reconheça também que você nunca terá um conhecimento perfeito – particularmente na área do gerenciamento de projetos, pois essa é uma área de especialização ampla e em expansão. Determine que nível de informação será adequado e então aja correspondentemente. Segundo nos diz nossa experiência, os melhores gerentes e diretores de projeto têm seu próprio círculo confiável de conselheiros, virtuais ou reais, a quem se dirigem não apenas em busca das informações e técnicas mais recentes, mas também de recomendações e da troca de ideias.

Caso real Psion UK, história de Simon

Narrador Simon era gerente de atendimento ao cliente dessa empresa de rápido crescimento nos anos 1990, tendo sido incumbido de instalar os departamentos de suporte técnico, serviço ao cliente e reparos.

Contexto O *call center* do fabricante de PC Psion UK estava constantemente se esforçando para melhorar seu desempenho no atendimento de ligações telefônicas de clientes. Foi iniciado um projeto de melhoria da qualidade, com o objetivo de aumentar os níveis de satisfação do cliente.

Problema Simon estabeleceu KPIs que, achava ele, melhorariam o desempenho. O principal KPI era atender o máximo possível de ligações em um dia, sendo o *benchmark* estabelecido em 30. O resultado, evidentemente, foi que a satisfação do cliente diminuiu (em vez de aumentar), pois os atendentes estavam concluindo as ligações o mais rápido possível e sendo concisos demais ao telefone.

Solução Simon percebeu que precisava estabelecer KPIs relevantes e mais inteligentes. Ele classificou as ligações por tipo e dificuldade, aceitando que a velocidade do atendimento das chamadas não era o único indicador de satisfação do cliente.

Aprendizado As pessoas responderão ao indicador utilizado para avaliar seu desempenho. Se os KPIs são insatisfatórios, então, independentemente de quanto o projeto esteja sendo bem gerenciado, você não obterá o resultado final desejado. Reserve um tempo para traduzir as necessidades comerciais em objetivos de projeto mensuráveis e, então, reflita junto aos principais interessados sobre o que poderia dar errado. Obtenha a adesão mais ampla possível para os objetivos, antes de lançar o projeto.

SENDO PROMOVIDO

É difícil especificar o que você, como gerente de projeto que utiliza a Via Expressa, precisa fazer para ser promovido, pois as condições mudarão e os critérios de promoção deverão variar de uma empresa para outra. Na verdade, muito poucas pessoas atualmente consideram seguir carreira dentro de uma única empresa e, assim, a promoção pode significar sair de uma firma. Identifique se sua empresa tem um "*pool* de talentos", em termos de um programa de alto potencial reconhecido para todos os gerentes. Veja como as habilidades e competências no gerenciamento de projetos poderiam ajudá-lo a ingressar nesse *pool* de talentos.

Seja qual for sua área de especialização e profissão escolhida, reserve um tempo para refletir o quanto você está preparado para uma promoção. Identifique a futura função que você deseja cumprir; esclareça os critérios que precisará satisfazer em termos de habilidades, experiência, atitudes e comportamentos; e considere como irá demonstrar esses atributos para os outros de forma visível. Pergunte-se o seguinte:

- **Capacidade.** Eu tenho o que é necessário em termos de conquista e aprendizado até agora? Como posso demonstrar minha capacidade no que diz respeito ao gerenciamento de projetos? (Por exemplo, um diretor de RH de uma grande empresa de serviços públicos espera agora que os gerentes de projeto em potencial tragam um portfólio bem apresentado, ilustrando os projetos que gerenciaram ou nos quais estiveram envolvidos anteriormente.)
- **Credibilidade.** Eu consigo convencer os outros de que posso executar a função e a executarei bem? Posso obter testemunhos de terceiros ou clientes para confirmar minhas habilidades como gerente de projeto? (Isso pode parecer difícil de conseguir, mas não é mais do que "*marketing* pessoal" – uma tendência crescente no recrutamento de profissionais nos EUA.)
- **Desejo.** Eu quero a função e tenho motivação e entusiasmo suficientes para realizar um excelente trabalho? Pergunte a você mesmo por que deseja um novo cargo ou desafio e, então, como demonstraria isso para empregados em potencial – sem parecer desesperado.
- **Relacionamentos.** Eu mantenho relações de trabalho positivas com as pessoas certas? Para promoções internas, esse é um fator-chave. Entender-se com as pessoas é talvez mais importante do que ter certas habilidades e competências técnicas, as quais podem ser obtidas posteriormente. Demonstrar sua habilidade em construir relacionamentos é o Santo Graal nas entrevistas – de acordo com o diretor de RH de uma grande empresa de serviços públicos do Reino Unido.
- **Competitivo.** Eu sou o candidato mais apropriado, dadas as alternativas internas e externas? É claro que é! Próxima pergunta.

Se tiver preocupações, ponha em marcha um plano para lidar com elas. O senso de oportunidade será importante; portanto, certifique-se de estar bem preparado, antes de se candidatar a uma função.

No que diz respeito a aumentar sua responsabilidade no gerenciamento de projetos, junto com a de seu cargo profissional, há normalmente uma hierarquia dentro do gerenciamento de projetos e de portfólio. Em ordem crescente de complexidade e tempo de serviço, os cargos costumam ser estes:

- gerente de projeto
- gerente de programa (sendo um programa vários projetos relacionados)
- gerente de escritório de projetos (programas)
- patrocinador de projeto
- diretor de projeto

Tornando-se diretor

Sendo o título deste capítulo "Chegando ao topo", parece apropriado falarmos sobre o cargo superior da empresa e sobre o que você precisa para almejá-lo. A maioria das grandes empresas terá um diretor de projeto ou algo semelhante, mas poucos dos que conhecemos trilharam o primeiro caminho sobre o qual falamos anteriormente – a chamada rota do gerente de projeto "profissional". A maioria possui uma disciplina ou especialidade diferente, além de suas habilidades e experiência em gerenciamento de projetos – seja o desenvolvimento de novos produtos, *marketing* ou atendimento aos clientes. Além disso, em algumas empresas a responsabilidade por gerenciar ou supervisionar o portfólio de projetos em nível estratégico pode ser atribuída a um diretor específico, como o diretor de *marketing*, de pesquisa e desenvolvimento ou de operações.

Qualquer que seja o título, o diretor encarregado de projetos ou programas executará várias funções, além de cumprir suas responsabilidades estatutárias. Isso inclui:

- **Vincular projetos à estratégia empresarial.** Essa é a chamada função de gerenciamento de projetos estratégico (SPM – *strategic project management*) e exige compreensão da estratégia empresarial, mas também das capacidades de projeto atuais da empresa.
- **Defensoria de projetos.** Se o gerenciamento de projetos é uma disciplina central para o sucesso da empresa, então garantir que os projetos disponham de recursos específicos e orçamentos suficientes perante a concorrência interna de outras áreas será uma responsabilidade fundamental.
- **Criar um ambiente progressista de gerenciamento de projetos.** Isso significa garantir que exista uma cultura na qual os projetos possam ser gerenciados profissional e completamente. Isso exige a compreensão de

que a tecnologia existe para ajudar os gerentes de projeto e do que seria apropriado para o negócio, incluindo o impacto de tendências no gerenciamento de projetos (tecnologia) e o impacto sobre a empresa e sobre os projetos em andamento.

- **Gerenciar o escritório de projetos (PMO).** A função aqui é obter para a diretoria uma visão estratégica dos projetos que estão em andamento, dos riscos envolvidos e do progresso até o momento. Relatar os projetos atuais em andamento no nível da diretoria frequentemente é um assunto delicado, pois infelizmente muitos conselhos de administração subestimam o número de projetos iniciados – alguns até pela metade.
- **Gerenciar recursos de projeto.** Algumas empresas transferem recursos de projeto para certos departamentos ou disciplinas, enquanto outras os mantêm centralizados e fazem os departamentos apresentar o orçamento e recursos em termos do que os projetos proporcionarão. Em um ou outro cenário, o diretor de projeto precisa controlar os recursos em relação ao valor e aos resultados.

Além dessas funções formais, um diretor de projeto provavelmente estará envolvido em trabalho de revisão informal e auditoria de projeto, assim como no aconselhamento ou no treinamento de gerentes de projeto. Essas seriam habilidades úteis para um gerente de projeto iniciante adquirir.

Qualquer que seja o estilo do diretor de projeto ou da organização da empresa, o gerenciamento de projetos estratégico ocupa-se de três influências inter-relacionadas, que são diferentes daquelas do nível mais baixo do gerenciamento de projetos. Enquanto no nível de gerenciamento de projetos isso consiste em tempo, custo e desempenho, no nível estratégico consiste em estratégia, recursos e resultados (veja a figura a seguir).

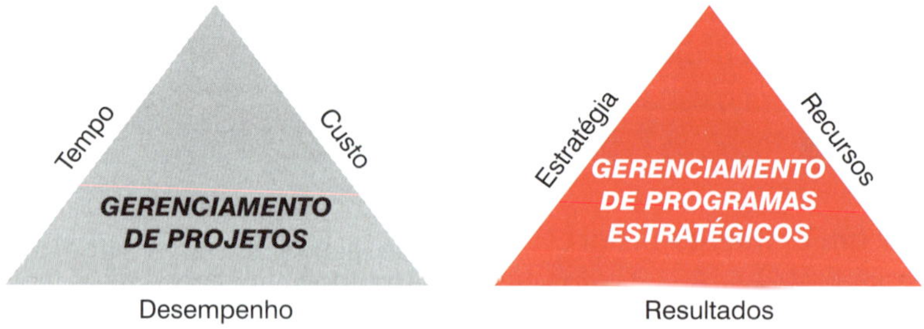

Dica

Dica rápida Desenvolva redes pessoais

À medida que sua carreira no gerenciamento de projetos progredir, construa uma rede de pessoas com quem você possa contar para obter recomendações e conhecimento especializado.

Como chego ao topo?

No gerenciamento de projetos, o "topo" pode assumir muitas formas. Para muitas pessoas, o topo não está dentro de sua empresa, na função de diretor de projeto, mas na de especialista reconhecido na área de gerenciamento de projetos. Para ela o sucesso consiste em ser um especialista contratado para ajudar as empresas quando projetos apresentam problemas. Sucesso é ser reconhecido como um solucionador de projetos independente.

Um dos motivos pelos quais as pessoas não associam o cargo de diretor de projetos ao de um "especialista" em projeto é que muitas empresas consideram o gerenciamento de projetos uma habilidade *adicional* associada que melhora as habilidades "comerciais" específicas dos gerentes – como *marketing*, operações, finanças, etc. Assim, o sucesso é alcançado pela promoção do gerente de projeto a gerente de programa e daí a uma posição por tempo de serviço dentro de uma determinada área, *marketing*, por exemplo. Portanto, o gerenciamento de projetos é visto como um modo de ser promovido dentro de uma disciplina, e não como uma profissão em si.

Na verdade, para um número cada vez maior de pessoas, sucesso no gerenciamento de projetos é sinônimo de independência do emprego em tempo integral – significando que você não precisa ser empregado em tempo integral como gerente de projeto "especialista" para estar no topo. É uma habilidade ou disciplina que sempre terá demanda; com uma boa reputação, é possível construir uma "carreira de portfólio", ganhando experiência em gerenciamento de projetos em muitas áreas diferentes, seja ingressando na empresa ou como fornecedor. Muitas pessoas acham que, se a situação exigir, um bom gerente de projeto pode retroceder a um emprego em tempo integral e usar as habilidades adquiridas para voltar à trajetória profissional dentro de uma empresa. Aliás, muitas empresas estão buscando esse mecanismo de "carreira flexível" como um modo de recolher bons gerentes de projeto quando necessário, mas permitir que eles adquiram experiência variada em outro lugar, se necessário.

Independentemente de como os gerentes e diretores de projeto percebam o "topo", muitas pessoas concordam que experiência e um bom histórico no gerenciamento de projetos, aliados a certo grau de treinamento formal, são inestimáveis. Atualmente, parece que chegar ao topo no gerenciamento de projetos possibilita às pessoas mais flexibilidade e independência do que nunca.

Qualquer que seja sua definição de sucesso, você deve planejar antecipadamente. Se quiser ser um gerente de projeto autônomo, então você deverá compreender as necessidades de seu mercado-alvo específico e habilitar-se adequadamente. Se quiser permanecer em sua empresa atual e ser promovido, terá de conhecer as necessidades específicas de seu empregador e a rede de contatos necessária para facilitar seu progresso através das posições. Em ambos os casos, nada é melhor do que o sucesso – um bom histórico sempre será um bom ponto de partida para seus sonhos.

PARE – PENSE – AJA

Neste capítulo final você terá identificado o que precisa fazer para chegar ao topo em sua carreira. Talvez sua empresa não tenha um diretor de gerenciamento de projetos ou uma estrutura de projeto separada, mas é provável que o gerenciamento de projetos seja visto como fundamental para o sucesso da empresa dentro do ambiente operacional mais amplo.

Como alguém habilitado em gerenciamento de projetos, você deve agora aproveitar essa oportunidade para parar e refletir sobre suas aspirações na carreira. Você deseja realmente que o gerenciamento de projetos seja a principal atividade de sua carreira futura? Se assim for, então deve buscar qualificações e experiência no gerenciamento de projetos e ingressar em organismos de gerenciamento de projetos profissionais. Contudo, você poderia considerar o gerenciamento de projetos simplesmente como algo complementar à sua disciplina principal, como *marketing* ou TI. Nesse caso, sua direção futura pode ser seguir essa trajetória profissional em particular. Portanto, pare agora e considere: o que você desejará estar fazendo daqui a três anos?

Minha visão	O que desejarei estar fazendo daqui a três anos?
Meus apoiadores	Do apoio de quem precisarei para chegar lá?
Minhas capacidades	De que capacidades e experiência precisarei para ter sucesso?
Meu progresso	Que marcos alcançarei ao longo do caminho?

Visite o *site* **www.Fast-Track-Me.com** para ter acesso à ferramenta de planejamento *on-line* deste livro.

Racionalidade e irracionalidade em gerenciamento de projetos

Professor adjunto Dirk Pieter van Donk e Dr. Eamonn Molloy

"O conhecimento profissional no gerenciamento de projetos expandiu-se enormemente nas últimas décadas. Contudo, numerosos estudos mostram que frequentes estouros de orçamento, atrasos e baixo desempenho em matéria de qualidade e satisfação do usuário parecem ter se tornado a regra e a realidade dos projetos contemporâneos. A resposta a isso tem sido 'uma ênfase ainda maior em soluções baseadas em tecnologia, metodologias quantitativas, metodologias positivistas e uma maior confiança na racionalidade instrumental'[1]. Essa maior racionalização do conhecimento no gerenciamento de projetos profissional também é visível na promoção de modelos e metodologias práticas em geral, como o *Guide to the Project Management Body of Knowledge* (*PMBOK*)[2], o PRINCE e o PRINCE2[3]. Em nossa opinião, isso não ajuda muito na solução dos problemas encontrados, nem ajudará a gerar novo conhecimento sobre gerenciamento de projetos.

Quais são as racionalidades e irracionalidades presentes no gerenciamento de projetos atual?

Frequentemente os projetos são iniciados para mudar uma empresa. Algumas pessoas dizem (ou advogam) que as empresas modernas se tornarão redes ou entidades baseadas em projetos, com projetos vagamente integrados. A racionalidade por trás da opção pela empresa baseada em projetos é que as estruturas organizacionais e os departamentos funcionais fixos e permanentes não deverão mais ser capazes de lidar com a dinâmica e as complexidades dos ambientes empresariais atuais. Contudo, parece haver uma tensão entre as estratégias de gerenciamento de projetos padronizadas e a dinâmica da mudança organizacional.

Muitos projetos podem ser vistos como compostos de vários elementos, cada qual constituindo e sendo constituído por diferentes tecnologias. Geralmente, diferentes partes serão interdependentes e, de acordo com a lógica do gerenciamento de projetos, em dado momento essas interdependências precisarão ser corrigidas e formalizadas: usando-se, para tanto, a conhecida estrutura desmembrada de trabalho do gerenciamento de projetos, entregáveis-chave, etc. Contudo, quanto mais inovadora e moderna for uma parte de um projeto, tanto mais vantajoso será adiar a tomada de decisão e esperar que

[1] Hodgson, D. e Cicmil, S. (2006), *Making Projects Critical*, Londres: Palgrave.

[2] Publicado pelo Project Management Institute, terceira edição revisada 2004.

[3] PRojects IN Controlled Environments: a process-based method for effective project management.

soluções e tecnologias mais inovadoras estejam disponíveis. Da perspectiva dessa parte do projeto e da tecnologia, isso é totalmente racional. Contudo, em outro lugar no projeto, outros critérios podem ter prioridade, sendo que a tarefa do gerenciamento de projetos é escolher entre soluções concorrentes. Assim, existe um desalinhamento entre a velocidade com que as decisões devem ser tomadas nas diferentes partes do projeto.

Uma das vantagens frequentemente aclamadas do gerenciamento de projetos é que os silos funcionais são eliminados. Especificamente nas grandes organizações burocráticas (governamentais), esse argumento pode parecer racional e lógico. Uma equipe de projeto composta de pessoas de diferentes departamentos e diferentes formações tem maior probabilidade de propor as inovações necessárias para soluções que, de outro modo, seriam bloqueadas pelo poder departamental. Tudo isso parece muito positivo e simples: uma equipe deve desenvolver sua própria racionalidade, uma racionalidade que elimine as bases do poder departamental às quais os membros da equipe pertencem. Acreditamos que os departamentos verão o projeto como uma área para proteger seus melhores interesses e garantir acesso aos recursos e, correspondentemente, selecionarão e instruirão "seus" membros da equipe de forma compatível. Isso poderia ser visto como a irracionalidade do poder.

Existem soluções científicas para os problemas supracitados, e o que precisamos fazer para ajudar os gerentes de projeto a lidar com eles?

O ponto de partida de nossa estratégia é a definição de um projeto como organização temporária[4]. Para nós, o elemento básico dessa definição é que os projetos podem ser considerados organizações. Existe um grande volume de literatura tratando do projeto, da estruturação e do gerenciamento de organizações. Aqui nos concentramos na chamada literatura de contingência da estruturação de organizações. O ponto teórico central dessa literatura é que, sob diferentes circunstâncias, diferentes estruturas organizacionais serão necessárias para se ter sucesso, e que cada estrutura organizacional enfrenta seus próprios problemas de coordenação e administração. Um dos primeiros a sintetizar a pesquisa nesse campo foi Henry Mintzberg, em seu seminal trabalho *The Structuring of Organizations*[5].

Em um artigo recente[6], mostramos a relevância da tipologia de Mintzberg das estruturas organizacionais e dos mecanismos de coordenação associados para a organização de projetos. A tipologia ajuda na detecção dos problemas gerenciais básicos em cada forma de organização de projeto. Ajuda os gerentes de projeto (racionais) a desenvolver uma nova perspectiva sobre a teoria do gerenciamento de projetos e sobre o uso de instrumentos e métodos de gerenciamento de projetos. ”

[4] Lundin, R. A. e Söderhulm, A. (1995), "A theory of the temporary organization", *Scandinavian Journal of Management*, 11 (4), 437–55.

[5] Mintzberg, H. (1979), *The Structuring of Organizations*, Englewood Cliffs NJ: Prentice-Hall.

[6] Van Donk, D. P. e Molloy, E. (2008), "From organizing as projects to projects as organizations", *International Journal of Project Management*, 26 (2), 129–37.

PARTE IV

Kit de Ferramentas do Diretor

Na Parte B apresentamos dez ferramentas e técnicas básicas que podem ser usadas desde o primeiro dia em sua nova função como chefe de equipe ou gerente no gerenciamento de projetos. À medida que você avança em sua carreira para a função de diretor de projeto e à medida que sua equipe amadurecer em termos de entendimento e capacidade, você desejará introduzir técnicas mais avançadas ou sofisticadas.

A Parte D apresenta várias técnicas essenciais, desenvolvidas e adotadas por líderes do setor – ajudando-o a se diferenciar de seus concorrentes. Elas são simples e diretas, mas seu uso pode aumentar radicalmente suas chances de sucesso no projeto.

	DESCRIÇÃO DA FERRAMENTA
T1	Auditoria de gerenciamento de projetos de equipe
T2	Técnicas de planejamento
T3	Análise do caminho crítico
T4	Gestão de riscos

F1

Auditoria de Gerenciamento da Equipe de Projetos

Use a lista de pontos a seguir para avaliar o estado atual de sua equipe. Considere cada critério um após o outro e use o sistema de pontuação a seguir para identificar o desempenho atual:

0 Não realizado ou não definido dentro da empresa: sem consciência de sua importância para o gerenciamento de projetos
1 Ciente da área, mas pouco ou nenhum trabalho realizado na empresa
2 Reconhecida como uma área de importância e algum trabalho realizado nessa área
3 Área claramente definida e trabalho realizado em termos de gerenciamento de projetos
4 Uso constante de ferramentas e técnicas de melhor prática nessa área por toda a empresa
5 A área é reconhecida como a 'campeã' e poderia ser uma referência de melhor prática

Reflita sobre as pontuações mais baixas, identifique as áreas que são críticas para o sucesso e sinalize-as com o status Vemelho, exigindo atenção imediata. Em seguida, identifique as áreas com as quais você está preocupado e sinalize-as com o status Âmbar, significando áreas de risco que precisam ser monitoradas com atenção. O status Verde (V) significa que você está satisfeito com o estado atual.

IDENTIFICAÇÃO	CATEGORIA	CRITÉRIOS DE AVALIAÇÃO	PONTUAÇÃO	*STATUS*
P1	**Necessidades comerciais**		**0 a 5**	**VmAVd**
A	Alinhamento com as necessidades comerciais	Todos os projetos atuais estão claramente alinhados à estratégia empresarial e às prioridades estratégicas	☐	☐
B	Compreensão das necessidades do consumidor	Todos os projetos refletem as necessidades do cliente e do consumidor dentro de seus objetivos e informações de apoio, sejam internas ou externas	☐	☐
C	Identificação de vínculos com outros projetos	As interdependências entre os projetos estão destacadas no termo de abertura do projeto, sob o ponto de vista da gestão de riscos ou das sinergias	☐	☐
P2	**Objetivos do projeto**			
A	Definição de objetivos	Todos os projetos têm objetivos SMART claramente compreendidos e praticáveis	☐	☐
B	Acordo em relação aos indicadores-chave de desempenho	Todos os projetos têm KPIs claros e consensuais, bem como metas de retorno sobre o investimento (ROI)	☐	☐
C	Estabelecimento do *business case*	A empresa compreende como cada projeto é importante para proporcionar valor, e o *business case* foi aceito por todos os interessados (*stakeholders*)	☐	☐
P3	**Interessados (*stakeholders*)**			
A	Identificação dos interessados	Os gerentes de projeto e suas equipes principais conhecem os principais *stakeholders* e realizaram uma análise de *stakeholders*	☐	☐
B	Avaliação do comprometimento	O comprometimento dos interessados no projeto foi avaliado, e a equipe de projeto principal está ciente dos resultados	☐	☐

(Continua)

(Continuação)

IDENTIFICAÇÃO	CATEGORIA	CRITÉRIOS DE AVALIAÇÃO	PONTUAÇÃO	*STATUS*
C	Influência dos partidários e oponentes	Foi criado um plano de comunicação para lidar com o comprometimento ou não dos partidários ou oponentes do projeto	☐	☐
P4	**Plano de trabalho e cronogramas**			
A	Definição das tarefas e prioridades	Todos os projetos têm uma lista de tarefas definidas e identificadas, e a estrutura do projeto é clara	☐	☐
B	Identificação do caminho crítico	O caminho crítico foi calculado, e a data de conclusão mais próxima do projeto é conhecida	☐	☐
C	Concordância com os marcos	Os marcos em relação aos quais o progresso será verificado foram definidos apropriadamente	☐	☐
P5	**Problemas e riscos**			
A	Identificação de problemas e riscos	Um registro ou histórico de riscos foi aberto e é utilizado ao longo dos projetos. Os riscos são revistos e priorizados nas reuniões da equipe	☐	☐
B	Concordânica com relação às ações corretivas	Ações para lidar com os riscos estão identificadas, e os planos são alterados de forma correspondente	☐	☐
C	Gerenciamento de pedidos de mudança	Um processo de gerenciamento da mudança está em vigor para todos os projetos, e as mudanças no escopo e no plano do projeto são administradas pelo gerente de projeto nas reuniões regulares	☐	☐
P6	**A equipe**			
A	Seleção do líder de projeto	O gerente (líder) do projeto tem experiência em conteúdo e processo relevante ao projeto em questão	☐	☐

(Continua)

(Continuação)

IDENTIFICAÇÃO	CATEGORIA	CRITÉRIOS DE AVALIAÇÃO	PONTUAÇÃO	*STATUS*
B	Montagem da equipe	A equipe apresenta equilíbrio de habilidades, as quais complementam as do gerente de projeto. A equipe tem uma meta consensual comum	☐	☐
C	Acordo com relação as funções e responsabilidades	As funções e responsabilidades da equipe de projeto principal são claras e compreendidas por todos	☐	☐
P7	**Decisões críticas**			
A	Identificação das decisões	Todas as decisões e seus motivos são registrados para fins de auditoria	☐	☐
B	Concordância o processo de tomada de decisão	O processo por meio do qual os problemas são resolvidos no projeto é compreendido, e os níveis de autoridade estão fixados	☐	☐
C	Obtenção de adesão	Todos os *stakeholders* são informados de mudanças importantes no projeto (escopo ou plano), sua contribuição é considerada e os conflitos em potencial são tratados	☐	☐
P8	**Recursos e orçamento**			
A	Identificação de necessidade de recurso	Os recursos (consumíveis, materiais, habilidades, etc.) são identificados antecipadamente	☐	☐
B	Especificação de quantidade e qualidade	Todos os recursos identificados têm padrões quantitativos e qualitativos claros atribuídos	☐	☐
C	Concordância com orçamentos	Todos os orçamentos de projeto são conhecidos, e os recursos financeiros totais antecipados para o projeto estão combinados com o patrocinador do projeto e/ou com o diretor financeiro	☐	☐

(Continua)

(Continuação)

IDENTIFICAÇÃO	CATEGORIA	CRITÉRIOS DE AVALIAÇÃO	PONTUAÇÃO	*STATUS*
P9	**Liderança do projeto**			
A	Habilidades corretas	O gerente de projeto e o patrocinador do projeto têm as habilidades de processo e conteúdo corretas e complementam um ao outro	☐	☐
B	Pensamento correto	O gerente de projeto conhece não apenas o processo de entrega de um projeto, mas também compreende a realidade mais ampla e onde o projeto se encaixa, para poder tomar as decisões corretas quando apropriado	☐	☐
C	Comprometimento correto	O gerente e o patrocinador do projeto estão comprometidos com a entrega bem-sucedida do projeto e seus resultados comerciais, a despeito de quaisquer reservas pessoais	☐	☐
P10	**Comunicação**			
A	Para cima	Existem um processo e uma plataforma para comunicar o progresso e expandir os problemas para a empresa, para o comitê de análise de projetos (PRB – *project review board*), para o patrocinador do projeto e/ou para os clientes	☐	☐
B	Lateralmente	Existem um processo e uma plataforma para comunicar os problemas do projeto e de recursos a outros gerentes de projeto e chefes funcionais	☐	☐
C	Para baixo	Existem um processo e uma plataforma para a comunicação com a equipe de projeto, fornecedores e/ou especialistas em projeto, conforme necessário	☐	☐

Para cada elemento da lista de verificações, some as pontuações das três questões relacionadas e divida o resultado por 3 – isso dará a média desse elemento específico. Aqui está um exemplo:

ELEMENTO	PONTUAÇÃO	0	1	2	3	4	5	NOTAS
Necessidades comerciais do negócio	**2**			■				Vínculo com a estratégia limitado
Objetivos do projeto	**4**					■		
Interessados	**2,6**			■				Alguma análise de *stakeholders*
Plano de trabalho e cronogramas	**4**					■		
Problemas e riscos	**1**		■					Gestão de riscos limitada
A equipe	**3**				■			Montagem de equipe média
Decisões críticas	**2**			■				Tomada de decisão inadequada
Recursos e orçamento	**5**						■	
Liderança de projeto	**1**		■					Habilidades de liderança limitadas
Comunicação	**2,5**			■				Processo de comunicação inadequado

Em uma estrutura integrada de gerenciamento de projetos, o sistema inteiro é tão bom quanto um elemento individual. Se um elo da corrente for fraco, então a estrutura dentro da empresa não funcionará com máxima eficiência e haverá um risco maior de fracasso. Portanto, o plano de ação deve ser concentrar a atenção e os recursos primeiro nos elementos mais frágeis e então passar a estrutura inteira a um nível de excelência. Essa estratégia otimiza o uso de recursos e estabelece um processo de aprimoramento contínuo.

No exemplo anterior, os gerentes que conduziam uma análise identificaram que os elos mais fracos eram aqueles das áreas de gestão de riscos (*problemas e riscos*) e da *liderança de projeto* (pontuações médias: 1). Portanto, o plano seria concentrar a atenção e melhorar a gestão de riscos como disciplina dentro dos projetos e avaliar onde e como a liderança de projeto poderia ser aprimorada. Uma vez que a equipe da alta direção tivesse aumentado a confiança na melhoria da gestão de riscos e da liderança de projeto, o próximo estágio seria concentrar-se nas áreas em de *status* âmbar (*necessidades do negócio*, *decisões críticas* e *comunicações* – pontuações médias: 2–2,5).

F2

Técnicas de Planejamento

Como você estrutura seu plano de projeto global? Que ferramentas e técnicas existem para ajudar o gerente que utiliza a Via Expressa a delinear suas tarefas de projeto de tal maneira que torne o planejamento mais fácil e mais simples, apoiando o processo de planejamento de projeto total?

Neste *kit* de ferramentas oferecemos três ferramentas e técnicas distintas que podem ser utilizadas na maioria dos projetos pelo gerente de projeto que usa a Via Expressa. O segredo é utilizá-las primeiro em um projeto simples e fácil; então, à medida que os projetos aumentarem em tamanho e complexidade, você verá que essas ferramentas o ajudarão cada vez mais. As três técnicas de planejamento são a estrutura desmembrada de trabalho (WBS), o gráfico de Gantt e a estratégia baseada na abordagem *stage-gate*.

A ESTRUTURA DESMEMBRADA DE TRABALHO (WBS)

A WBS é uma ferramenta de planejamento básica, cujos benefícios frequentemente não são percebidos pelos iniciantes no gerenciamento de projetos. Em sua forma mais simples, trata-se de uma coleção de tarefas que resultam no projeto concluído – uma decomposição analítica do trabalho a ser feito, daí o nome "estrutura desmembrada de trabalho".

São duas as suas formas básicas: o formato de lista e o formato de organograma. Qual dos dois você irá usar é uma questão de preferência pessoal; no entanto, uma lista endentada de itens funciona bem com *software* e permite um planejamento mais detalhado quando utilizamos uma planilha eletrônica. Ambos os formatos são mostrados a seguir: você verá que os números representam os mesmos resultados e tarefas, mas são dispostos de forma diferente.

Formato de lista endentada

1.0 Materiais criados
- 1.1 Formato acordado
- 1.2 Pesquisa concluída
- 1.3 Formulários impressos

2.0 Local definido
- 2.1 Local atendado
  - 2.1.1 Instalações verificadas
  - 2.1.2 Local visitado
- 2.2 Transporte organizado

3.0 Conferência realizada

Formato de organograma

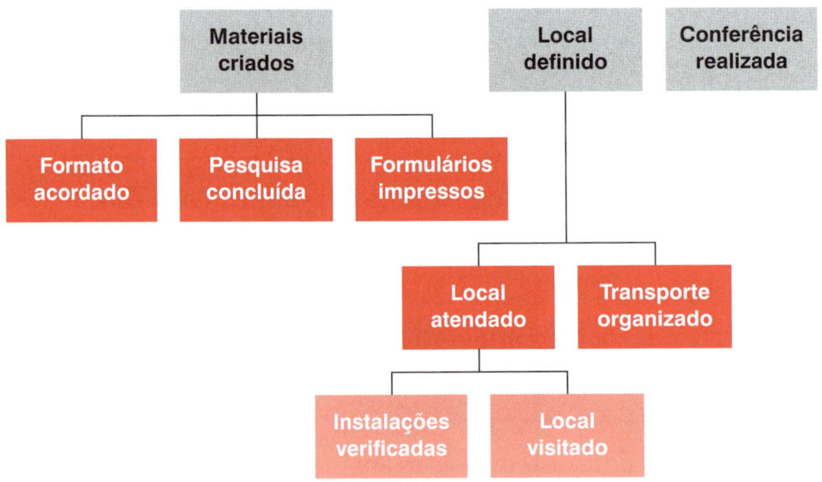

Erros comuns

A despeito da simplicidade dessa ferramenta, muitas pessoas cometem alguns erros básicos ao usar estruturas desmembradas de trabalho em um ou outro formato:

- **Tarefas, e não cabeçalhos.** As tarefas representadas pelos números no exemplo anterior são exatamente isto – tarefas. Elas *não* são cabeçalhos sob os quais você agrupa trabalhos. Em um projeto, os "entregáveis" de alto nível, como são conhecidos, representados pelos elementos azuis, devem ser escritos como tarefas. Por exemplo, "*software* escrito" ou "materiais solicitados" são modelos de tarefas claras e concisas. As pessoas tendem a errar ao utilizá-las como cabeçalhos e declará-las como "*software*" ou "materiais". Isso gera confusão, pois subestima o que realmente precisa ser feito. O que "*software*" ou "materiais" significam no contexto de um projeto? Logo, use uma breve declaração contendo um verbo. A WBS consiste em ação; portanto, deve conter uma "palavra que exprima ação".
- **Planejamento de alto nível *versus* detalhado.** A melhor maneira de criar uma WBS abrangente é organizar as tarefas de alto nível corretas *primeiro*. Elas impõem a estrutura ou o estilo do projeto. Somente então, quando estiver contente com a estrutura de alto nível, você irá decompor os elementos em detalhes. Esse é um excelente exercício de construção em equipe e envolve todos na estrutura do projeto. Como gerente de projeto que utiliza a Via Expressa, talvez você queira determinar as tarefas de alto nível e o estilo do *layout* do projeto, para então fazer com que os membros do projeto criem os detalhes. Contudo, tenha o cuidado de entrar em um nível de detalhe meticuloso imediatamente. Não subestime o poder do simples *post-it*® nesse estágio do processo de planejamento. Essa ferramenta simples é excelente para fazer as equipes entenderem a estrutura e os detalhes do projeto. Leve a equipe principal de projeto a uma sala (com uma parede branca grande) e peça para as pessoas escreverem todas as tarefas de alto nível nos *post-its*. Uma vez que estes tenham sido colados na parede, peça às pessoas que decomponham os detalhes das tarefas. Como gerente de projeto que utiliza a Via Expressa, talvez você queira transcrever todos os *post-its* em seu PC, antes que comecem a descolá-los da parede. Use ferramentas de *software*, como Vision ou Microsoft Excel, para capturar a estrutura e os detalhes dos *post-it*® em seu PC.

- **Detalhes muitos.** Precisamente porque a WBS é a ferramenta mais útil para esquematizar o que precisa ser feito, muitas pessoas iniciantes no gerenciamento de projetos a utilizam "até a morte". A pergunta básica é: "Que nível de detalhe é suficiente?" Não existe uma resposta certa ou errada para isso, e muitas técnicas podem ser utilizadas, relacionadas a questões como a complexidade ou duração do projeto, ou ao valor individual dos recursos. Regra geral, recomendamos que você decomponha as tarefas no nível de detalhe que permitia ao recurso (pessoa ou equipe) que está realizando o trabalho saber o que fazer e com que padrão de qualidade. Se você desdobrar o trabalho em cada vez mais detalhes, cruzará a linha entre dizer à pessoa *o que* fazer e dizer a ela *como* fazer. Isso traz desvantagens importantes: desmotiva a pessoa, faz presumir que você sabe mais sobre tudo e cria tarefas demasiadamente detalhadas que você, como gerente de projeto, terá de verificar. Chegar ao nível de detalhe correto depende de você conhecer as habilidades e a experiência de seu pessoal e daqueles envolvidos nas tarefas do projeto – portanto, converse com os membros de seu projeto. Um gerente de projeto eficiente não é aquele que se senta diante de um PC e distribui cegamente as tarefas para os "recursos" as executarem. Conhecer o nível de competência das pessoas que estão executando as tarefas influenciará consideravelmente o nível de planejamento que você exige e facilitará muito sua vida como gerente de projeto que utiliza a Via Expressa.
- **Duplicação.** Um risco comum de criar uma WBS de projeto usando *post-its* e equipes distintas é a duplicação de tarefas. Como gerente de projeto que utiliza a Via Expressa, uma de suas principais funções no estágio de planejamento é garantir que tarefas semelhantes ou iguais não tenham nomes diferentes e apareçam em diferentes partes da WBS. Solicite uma explicação clara das tarefas e verifique se elas estão duplicadas em outro lugar no plano. Pergunte se podem ser unificadas e, portanto, obter maior eficiência.

Lembre-se de que, quando você estiver satisfeito com o estilo, detalhe e conteúdo da WBS, ainda será possível suas equipes de projeto decompô-la ainda mais, de acordo com suas próprias necessidades. Programas, como o Microsoft Project e o Excel permitem "compactar" ou "descompactar" os detalhes da WBS conforme apropriado, mas lembre-se de que você precisa de uma WBS mestra para usar como base no planejamento e no gerenciamento do projeto.

O GRÁFICO DE GANTT

Perfeitamente integrado à WBS, – o gráfico de Gantt (inventado por Henry Gantt, engenheiro e consultor) é o melhor gráfico disponível no gerenciamento de projetos. Apresentando muitos formatos e variações, esse é o diagrama de mais utilidade para gerentes de projeto e para os membros da equipe de projeto. Em sua forma mais básica, ele mostra as tarefas da WBS em relação a uma cronologia, em que a duração de uma tarefa é apresentada como uma barra ou linha. Um exemplo básico é mostrado a seguir:

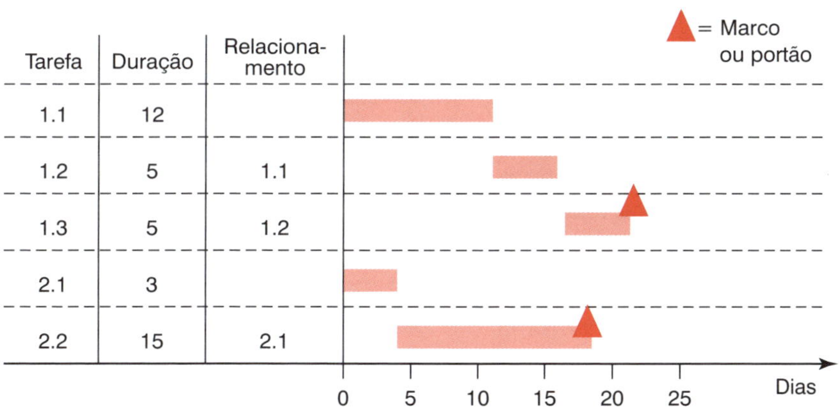

A cronologia no eixo inferior pode constituir-se de datas ou apenas dias (como *supra*), e o eixo lateral pode conter detalhes como o número da WBS, o nome da tarefa, a duração e (como supra), o relacionamento ou dependência entre as tarefas. Certifique-se de saber o que você pode colocar em seu gráfico de Gantt e o que as pessoas realmente precisam ver. Com um *software* de gerenciamento de projetos moderno, você pode criar gráficos de Gantt altamente complexos, mas pode criar também outros muito simples usando apenas uma planilha eletrônica.

Erros comuns

- **Excesso de informações.** Mantenha seus gráficos de Gantt inicialmente simples. Entenda as necessidades das pessoas que estão querendo obter informações do projeto e o que o gráfico de Gantt pode fornecer. À medida que adquirir mais experiência, você descobrirá o que mais pode adicionar em seu gráfico de Gantt e ficará tentado a inserir cada vez mais detalhes. Tenha sempre em mente as necessidades das pessoas com quem você está se comunicando. Use o gráfico de Gantt como uma ferramenta de aprendizado para si próprio; portanto, sempre que você criar um novo gráfico de Gantt, veja o que mais poderia adicionar, enquanto considera as necessidades de sua equipe de projeto. Um gráfico de Gantt deve ser fácil de ler e entender e exigir um mínimo de explicações.
- **Controle de versão.** Certifique-se de que todos estejam cantando a mesma música! Ao criar um novo gráfico de Gantt para o projeto, sempre coloque nele um número de versão ou data, pois, do contrário, você estará arranjando um grande problema para si mesmo, quando lidar com equipes distantes. Com os modernos sistemas de TI e *softwares* de projeto, você pode garantir que haja uma versão mestra e que apenas algumas pessoas tenham acesso de editor para alterar o gráfico de Gantt. O *software* também deve garantir que toda nova versão tenha um novo número ou data de criação. Se você estiver criando gráficos de Gantt pela primeira vez, usando simplesmente uma planilha eletrônica ou lápis de cor e papel, então *lembre-se* de inserir uma data ou um número de versão.
- **Impressão.** Mesmo com o *software* de gerenciamento de projetos mais avançado, você poderá ter problemas a tentar imprimir o gráfico de Gantt no papel. Em muitas ocasiões, entramos no escritório de um gerente de projeto e o encontramos, de joelhos, a unir várias folhas A4 para criar um gráfico de Gantt grande o suficiente para que todos possam vê-lo. Como alternativa, pode-se reduzir o tamanho da fonte para que todas as tarefas caibam no mínimo de folhas possível – o problema, nesse caso, é que você precisa de uma lente de aumento para ler o gráfico. Mesmo que tenha acesso a uma plotadora (impressora de grande escala), lembre-se de que, tão logo você imprima seu gráfico de Gantt no papel, ele estará desatualizado. Assim, qualquer que seja o caso, pergunte-se a quem se

destina o gráfico de Gantt e por que você o está imprimindo. Pense por quanto tempo ele permanecerá atualizado e se você poderia imprimir um gráfico de Gantt em nível reduzido "personalizado".

O gráfico de Gantt é uma ferramenta valiosa, mas você precisa aprender a fazê-lo funcionar e conhecer suas dificuldades e complexidades à medida que se desenvolve como gerente de projeto que utiliza a Via Expressa.

PLANEJAMENTO *STAGE-GATE*

O processo *stage-gate* é uma maneira de esquematizar seu plano de trabalho e verificar o progresso ou os objetivos ao longo do caminho. O "estágio" (*stage*) reflete a parte de um projeto na qual o trabalho é feito, e o 'portão' (gate) simboliza um ponto no qual o progresso é examinado ou os objetivos são verificados.

A tabela a seguir apresenta as tarefas genéricas que poderiam ser incluídas em cada estágio de um projeto. Nem todas elas serão aplicáveis a todos os projetos, e muitas precisarão ser adaptadas de acordo com as necessidades de sua empresa e de seu projeto específico. As listas são bastante abrangentes e, como tais, parecem um pouco intimidantes. Percorra-as e decida onde você precisa tomar um atalho ou adaptar a metodologia para levar em conta seu caso específico e suas restrições da escala de tempo específicas. Por vezes você terá de utilizá-las como aparecem e deixar alguns itens intocados.

Reflita sobre cada item e avalie um projeto atual em que você esteja trabalhando. Examine cada atividade usando uma escala VmAVd (vermelho, âmbar e verde) simples para o *status*, em que vermelho (Vm) sugere preocupações maiores, cabendo a você tomar medidas corretivas imediatas; âmbar (A) aponta algumas preocupações e riscos, sendo necessário monitorar com atenção; e verde (Vd) indica atividade útil que está no caminho certo.

PLANO DE TRABALHO	DESCRIÇÃO DE POSSÍVEIS ATIVIDADES	*STATUS*
Estágio 1 Iniciar		
1 Prioridades estratégicas	Revisar as necessidades estratégicas, de produto-mercado e marca para identificar as prioridades de escopo, direção e produto/mercado/processo do projeto	☐

(Continua)

(Continuação)

PLANO DE TRABALHO	DESCRIÇÃO DE POSSÍVEIS ATIVIDADES	*STATUS*
Estágio 1 Iniciar ***(Continuação)***		
2 Análise de mercado	Realizar análise para compreender as tendências macroeconômicas, os clientes atuais e prováveis, usuários finais/consumidores e principais concorrentes. Investigar as melhores práticas e os líderes do mercado	☐
3 Auditoria interna	Realizar uma auditoria interna das capacidades básicas (todos os aspectos da cadeia de suprimentos) e resumi-las na forma de pontos fortes e fracos fundamentais	☐
4 Análise da ideia inicial (conceito)	Examinar os bancos de dados de ideias de projeto semelhantes anteriores, estudos de caso e possíveis projetos fracassados. Obter adesão para o exame de conceito em alto nível. Realizar a análise de *stakeholders*. Avaliar o escopo do projeto: redução de custo, desenvolvimento de produto, expansão de clientes ou desenvolvimento de novos produtos?	☐
5 Análise da ideia inicial (conceito+)	Desenvolver a ideia com mais detalhes, incluindo a avaliação da viabilidade financeira com +/– 20% de precisão. Realizar gestão de riscos de alto nível informalmente. Obter apoio do principal *stakeholders*	☐
6 Termo de abertura de projeto	Iniciar o termo de abertura do projeto formal, incluindo o esboço da ideia, o esboço de lucros e perdas (P&L), o líder de projeto em potencial e o período no mercado	☐
7 Triagem preliminar	Realizar uma triagem financeira e de capacidade preliminar formal e a avaliação de riscos. Usar critérios de "triagem rápida", incluindo a avaliação em relação à contribuição para o valor, ao enquadramento estratégico/da marca, à aceitação dos *stakeholders*, à viabilidade da implementação e às escalas de tempo (V-SAFE)	☐
8 Cronograma e dependências	Identificar os cronogramas e as dependências intraprojeto preliminares e explorar os problemas/recursos críticos em potencial	☐
10 Aprovação da ideia **Portão 1**	Completar a avaliação formal da ideia (Prosseguir, Não prosseguir/Eliminar, Modificar ou Esperar) e preparar documentos de portão	☐

(Continua)

(Continuação)

PLANO DE TRABALHO	DESCRIÇÃO DE POSSÍVEIS ATIVIDADES	*STATUS*
Estágio 2 *Business case*		
1 Início da equipe	Designar o líder (ou líderes) de projeto e os membros iniciais da equipe principal. Realizar a oficina inicial da equipe de projeto. Identificar necessidades de treinamento e desenvolver planos de capacitação, se necessário	☐
2 Desenvolvimento do conceito	Desenvolver o conceito de alto nível (rascunho) e a ideia de projeto básica. Testar o conceito (realizar análise qualitativa – posicionamento da marca e público-alvo). Refinar o conceito com base nos resultados do teste	☐
3 Síntese (*brief*)	Desenvolver a síntese do produto ou solução com avaliação de oportunidades. Receber opiniões dos departamentos relevantes (financeiro, vendas e *marketing*, pesquisa e desenvolvimento, garantia da qualidade, operações, comercial, jurídico, pesquisa de mercado, etc.)	☐
4 Prova de conceito	Elaborar um modelo pré-protótipo e realizar testes qualitativos com o cliente (se apropriado), incluindo a validação do usuário/consumidor	☐
5 Impacto operacional	Realizar uma avaliação preliminar do impacto sobre a produção, as operações e a cadeia de suprimentos/rota de comercialização	☐
6 Finanças iniciais	Consentir com as previsões preliminares de vendas/financeiras, fatia de mercado e valor (preço, custo e investimentos) e criar uma previsão plurianual e um retorno sobre o investimento preliminar (incluindo suposições). Incluir avaliação de portfólio e a sinergia em potencial com outros projetos e programas	☐
7 Adesão dos *stakeholders*	Obter a concordância formal dos *stakeholders* com relação ao *business case*, ao dispêndio de capital (CapEx), às atividades de entrada em operação, à rota de comercialização, à fabricação e a questões jurídicas/reclamações	☐
8 Planos de projeto	Concordar com o calendário inicial do projeto. Desenvolver uma estratégia/plano de comunicação. Construir gráfico de Gantt em vários estágios de detalhe	☐
9 Avaliação de riscos	Realizar avaliação de riscos formal sobre o plano de projeto, suposições e capacidades	☐

(Continua)

(Continuação)

PLANO DE TRABALHO	DESCRIÇÃO DE POSSÍVEIS ATIVIDADES	*STATUS*
10 Finanças do projeto	Desenvolver a previsão de lucros e perdas preliminar com retorno sobre o investimento (ROI) e retorno financeiro	☐
11 Aprovação do caso comercial **Portão 2**	Finalizar *business case* e preparar documentos de portão para apresentação	☐
Estágio 3 Desenvolver		
1 Desenvolvimento de protótipo	Criar um protótipo da solução de projeto e validá-lo internamente. Realizar testes do usuário/consumidor (quantitativos) ou protótipo de teste-piloto (conforme apropriado)	☐
2 Refinamento do produto	Ajustar a solução de projeto com base nas opiniões do usuário/consumidor (produto, embalagem, posicionamento, fixação de preço, etc.) e modificá-la, conforme necessário. Realizar testes técnicos (e provas de campo, se necessário)	☐
3 Legislação e marca registrada	Obter liberação de qualidade, conformidade, normativa, marca registrada e jurídica (interna/externa)	☐
4 Especificação final	Desenvolver a especificação da solução de projeto final e concordar com os principais *stakeholders* e elementos relevantes da cadeia de suprimentos	☐
5 *Briefs* do produto	Desenvolver um esboço de plano de comunicação baseado no posicionamento e nas sensibilidades consensuais. Desenvolver um plano de PR interno e um pacote de venda interno	☐
6 Comprometimento dos *stakeholders*	Obter a concordância dos *stakeholders* com relação ao *business case* e ao plano de lançamento final, bem como comprometimento com o suporte para implementação	☐
7 Plano de lançamento	Desenvolver plano financeiro com previsão de lucros e perdas de três anos, elaborar plano de entrada em operação e estratégia de comunicação preliminar, confirmar investimentos necessários	☐
8 *Business case* final **Portão 3**	Finalizar os orçamentos e o calendário do projeto e preparar os documentos de portão	☐

(Continua)

(Continuação)

PLANO DE TRABALHO	DESCRIÇÃO DE POSSÍVEIS ATIVIDADES	*STATUS*
Estágio 4 Implementar		
1 Autorização para "Prosseguir" **Portão 4**	Obter autorizações/aprovações formais, conforme necessário (capital, produto, governança e jurídicas/legislativas)	☐
2 Mudanças na cadeia de suprimentos	Implementar mudanças na cadeia de suprimentos/logística e desenvolver a capacidade de produção e distribuição, conforme necessário	☐
3 Materiais de *marketing*	Finalizar os materiais de *marketing* internos e externos. Desenvolver material de vendas e produzir amostras para preparação das vendas. Desenvolver material e incentivos de propaganda e comprar mídia, conforme necessário	☐
4 Plano de comunicação	Desenvolver o plano de comunicação – o quê (principais mensagens) para quem (*stakeholders*). Confirmar o apoio dos principais *stakeholders* e esclarecer os produtos. Desenvolver a "história de venda" e os materiais de apoio em torno da ideia básica	☐
5 Estratégia de mídia	Concluir uma estratégia de mídia detalhada, com perguntas e respostas, declarações e *press releases*, incluindo reportagens, vendas de referência e afirmações	☐
6 Apresentações de vendas	Realizar apresentações de vendas e modificar os materiais com base no retorno inicial	☐
7 Lançamento do piloto	Realizar um lançamento comercial de escopo limitado para testar todos os aspectos do projeto e da cadeia de suprimentos	☐
8 Indicadores de sucesso	Identificar e consentir com os principais fatores clínicos de sucesso (KSFs), indicadores-chave de desempenho (KPIs) (iniciais e em curso) e obstáculos para o sucesso. Realizar uma revisão formal ao final. Atualizar a avaliação de riscos	☐
9 Opções de crescimento	Criar opções e planos de apoio contínuo ao usuário/cliente, gerenciamento interno do ciclo de vida da solução e expansão futura, conforme necessário	☐

(Continua)

(Continuação)

PLANO DE TRABALHO	DESCRIÇÃO DE POSSÍVEIS ATIVIDADES	*STATUS*
10 Gerenciar mudança de escopo	Monitorar o plano de lançamento (conclusão de tarefas), identificar e resolver (ou expandir) problemas e riscos críticos, motivar a equipe (identificar necessidades de desenvolvimento adicionais) e realizar reuniões de avaliação regulares	☐
Estágio 5	**Encerrar e examinar**	
1 Avaliação de tarefas	Realizar análise formal de todo o trabalho e dos entregáveis para avaliar a conclusão	☐
2 Vendas e *marketing*	Executar plano de comunicação e ativar lançamento na mídia	☐
3 Primeiros indicadores	Realizar auditorias de desempenho, acompanhar o desempenho no mercado (especificamente os primeiros indicadores) e ajustar os planos, conforme necessário	☐
4 Análises de desempenho **Portão 5**	Examinar o desempenho em relação aos indicadores-chave de sucesso (KPIs) – o projeto foi entregue no prazo e dentro do orçamento? O que precisa mudar na próxima vez?	☐
5 Revisão do *stakeholders*	Realizar revisão de encerramento formais (reuniões) com os principais *stakeholders*, incluindo grupos de usuários/clientes/consumidores e a cadeia de suprimentos	☐
6 Felicitações à equipe	Parabenizar e dispersar a equipe, atualizar os planos de desenvolvimento pessoais (PDPs – *personal development plans*) e combinar as próximas funções	☐
7 Lições aprendidas	Capturar e compartilhar o aprendizado e as percepções com outras equipes, atualizar os bancos de dados de "melhores práticas" e comunicar às partes interessadas	☐
8 Transmissão operacional **Portão 6**	Transferir formalmente a posse e a responsabilidade às equipes operacionais. Dimensionar as operações, conforme necessário, ou abandonar/fechar	☐

F3

Análise do Caminho Crítico

A análise do caminho crítico é uma técnica decisiva para os gerentes de projeto que estão procurando identificar maneiras de reduzir a duração de seu projeto – processo às vezes chamado de "mastigação do plano de projeto". Ela pode ser uma técnica complicada de entender, mas (assim como no caso da maioria das ferramentas e técnicas) é essencialmente simples. Saber qual é o caminho crítico e como calculá-lo pode proporcionar a você uma real vantagem como gerente de projeto que utiliza a Via Expressa, apesar de ficarmos impressionados com o número de pessoas que não sabe calculá-lo ou para que ele serve.

A premissa básica do caminho crítico é a de que nem todas as atividades em seu projeto precisarão começar ao mesmo tempo para que seja cumprida a data de conclusão planejada para o projeto. Coloque todas as atividades em uma sequência ou ordem lógica. Estime a duração de cada tarefa e, então, crie uma agenda de projeto. Uma vez que você tenha feito isso, poderá começar a identificar onde há áreas que podem ser "mastigadas". Siga este processo simples:

1 **Estime os cronogramas.** Cronogramas precisos são fundamentais para uma agenda eficiente. Se você não souber quanto tempo levará para fazer algo, procure orientação e ajuda de outros gerentes que já possam ter feito algo semelhante. A experiência deles é crucial, pois fazer estimativas demasiadamente erradas nesse estágio de planejamento causará sérios problemas adiante. Certifique-se de envolver os membros de sua equipe nesse estágio, pois eles poderão ter ideias mais precisas acerca da duração de certas tarefas. Se estiver em dúvida, faça estimativas do melhor e do pior caso e use sua intuição para criar um compromisso.

2 Crie um diagrama de rede. Um diagrama de rede mostra o relacionamento entre as atividades e quais tarefas dependem da conclusão de outras tarefas. O diagrama será simples ou complexo, dependendo de quantas atividades existirem e de sua inter-relação. Os *post-its* podem ser úteis aqui, pois você pode escrever uma atividade separada em cada adesivo e depois dispor as anotações em uma sequência lógica. Um diagrama de rede simples é apresentado a seguir.

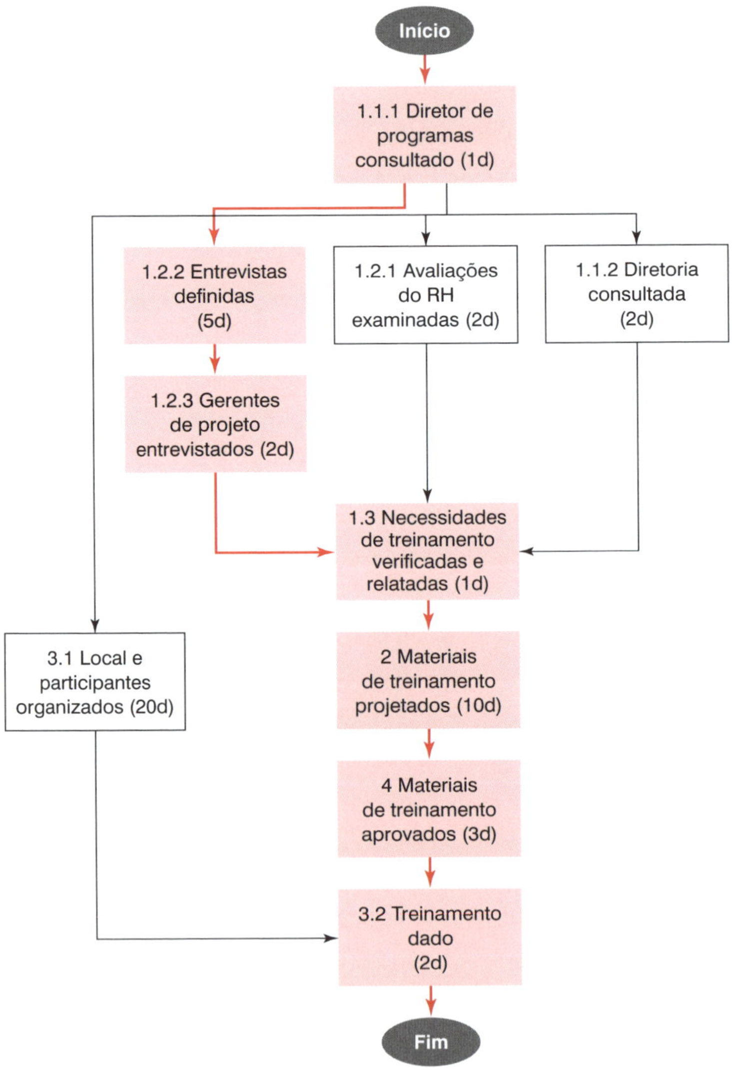

3 **Estime o tempo total.** Quando você tiver criado um diagrama de rede, provavelmente terá vários "caminhos" ou rotas do início ao fim. No exemplo anterior, após a tarefa 1.1.1 a rede se divide em quatro caminhos diferentes. Use as estimativas de duração de cada tarefa individual para fazer uma estimativa de caminho total por meio da soma de cada uma. A rota mais longa é conhecida como caminho crítico e mostra a menor duração possível para o projeto. No diagrama de rede apresentado, o caminho crítico está destacado em vermelho, e a duração total do projeto a partir do cálculo do caminho crítico é de 24 dias (24d).

E AGORA, O QUE FAZER?

O que o gerente de projeto que utilize a Via Expressa faz com o caminho crítico? Uma vez que tenha calculado o caminho crítico em seu projeto, você pode:

- **Saber a duração total de seu projeto.** O acesso a essa informação significa que você poderá planejar os recursos de modo adequado e tomar conhecimento de quanto precisa reduzir seu plano de projeto para cumprir a data final planejada ("mastigar o plano").
- **Conhecer os riscos de atraso.** Se uma tarefa que está no caminho crítico atrasar por uma semana, então o projeto inteiro atrasará por uma semana. Os planejadores de projeto utilizam a análise do caminho crítico para identificar esses riscos e cenários decisivos.
- **Saber quanta "folga" as tarefas podem ter.** As tarefas que não estão no caminho crítico podem ter o que é conhecido como "tempo de folga". Basicamente, elas têm uma "janela" na qual devem ser concluídas e, portanto, sabendo disso você pode planejar com flexibilidade. Contudo, se essas tarefas ultrapassarem esse período de folga, farão parte do caminho crítico e qualquer atraso adicional atrasará o projeto inteiro.
- **Decidir onde colocar recursos extras.** Se você quiser acelerar seu projeto e "reduzir" o plano de projeto, onde irá colocar os recursos extras para reduzir a duração? Nas tarefas que estão no caminho crítico, evidentemente. Diminuindo sua duração individual, você reduzirá o tempo do projeto global. Contudo, note que você só reduzirá a duração do projeto

global até o ponto em que o próximo caminho mais longo em seu diagrama de rede se tornar o caminho crítico.

- **Priorizar seu diário.** Já que, como gerente de projeto, você sem dúvida é a pessoa mais importante do projeto, e como sabe que as tarefas que estão no caminho crítico são fundamentais, a análise do caminho crítico lhe fornecerá um indício sutil sobre onde deverá estar para supervisionar o desempenho das tarefas.
- **Identificar gargalos ou limitações de recursos.** O caminho crítico identificará pontos de estrangulamento em seu projeto, onde se torna fundamental gerenciar o risco quanto aos recursos disponíveis. Examine seu diagrama de rede e veja onde os múltiplos caminhos passam todos por uma única tarefa. Esse é um gargalo, e você precisa planejar de forma adequada para garantir que essa tarefa entre no plano.
- **Comunique seus planos.** Explicando-se à equipe de projeto, aos *stakeholders* e aos "donos" de recurso qual é o caminho crítico, eles poderão ajudá-lo no planejamento e nos conflitos de recurso. Talvez você tenha de explicar o que é o conceito de caminho crítico para algumas pessoas, mas, uma vez que entendam sua importância – para você como gerente de projeto e para elas, em termos de ênfase e prioridades de tarefas –, elas poderão ajudá-lo de forma um pouco melhor.

O caminho crítico é uma das poucas ferramentas e técnicas que sugerimos que você, como gerente de projeto que utilize a Via Expressa, deve ter à disposição e aprender a usar o máximo possível. Sem essa técnica, você nunca ficará verdadeiramente confiante quanto à redução da duração de seus projetos ou a tornar-se eficiente e eficaz com os recursos.

Como gerentes de projeto externos, frequentemente estamos envolvidos em projetos que enfrentam dificuldades com os clientes. Fazemos três perguntas logo no início do trabalho com os clientes:

- **Quem é o principal *stakeholder*?** Queremos saber quem pode cancelar um projeto e quem está realmente interessado em apoiar o projeto em que vamos nos envolver.
- **Quais são os objetivos declarados?** Se não soubermos o que significa sucesso, não importa o quanto sejamos eficientes como gerentes de projeto ou consultores, nunca iremos "vencer".

- **Qual é o caminho crítico do projeto?** Sem isso, teremos sérias dificuldades para recolocar o projeto no caminho certo e "reduzir" o plano de projeto. Se o cliente pergunta "Qual é o caminho crítico?", nos perguntamos seriamente se ele sabe a dificuldade que o projeto está enfrentando e se ainda pode ser salvo. O caminho crítico é uma informação crucial no gerenciamento de projetos – sem a qual o gerenciamento de projetos se torna cada vez mais arriscado.

F4

Gestão de Riscos

Mesmo nos projetos mais bem planejados, algo dará errado. Eventos inesperados podem tirar um projeto do rumo e pôr em risco um objetivo importante. Se você identificar os riscos críticos antecipadamente e avaliar sua importância para o sucesso do projeto, poderá começar a planejar de forma adequada.

IDENTIFIQUE OS RISCOS

Faça um *brainstorm* com sua equipe de projeto, para identificar os riscos que poderiam ameaçar ou atrasar o projeto como um todo. Nesse ponto, você precisa estar focado, senão essas sessões poderão rapidamente se tornar uma observação nebulosa, sem qualquer benefício real. Tente ser o mais específico possível na identificação das áreas de preocupação. Examinar as tarefas e partes do projeto que estão no caminho crítico é um bom ponto de partida. Fique atento a comentários como estes:

- **"Nós nunca fizemos isso antes".** Nesse caso, a tarefa é candidata ideal a uma gestão de riscos. Se você nunca executou essa tarefa, não verá os problemas até deparar com eles. Reflita bem sobre os riscos, antecipadamente.
- **"Isso sempre dá errado!"** Nesse caso, não seria uma boa ideia descobrir por que isso acontece e introduzir algumas medidas preventivas para impedir que dê errado novamente?

- **"Essa é a parte cara, espero que não dê errado!"** A Lei de Murphy se aplicará aqui – "tudo que pode dar errado, dará errado"; portanto, provavelmente não adianta confiar na sorte; em vez disso, você precisa planejar os riscos adequadamente.

Procure também suposições em seu plano e áreas nas quais não tem certeza de como as coisas acabarão, para esperar apenas o melhor.

PROBLEMAS EM POTENCIAL

Uma vez que você tenha identificado as áreas de preocupação, comece a pensar sobre o que poderia dar errado. Seja específico, detalhado e preciso, pois isso o ajudará posteriormente nas ações de planejamento. Faça uma lista, a qual será seu "registro de riscos". Revise-a regularmente, sobretudo quando estiver mudando o escopo ou o rumo de seu projeto. Para cada problema em potencial, avalie a probabilidade e o impacto de cada ameaça. Isso porque o risco, como conceito, é constituído de duas partes distintas – a chance de que algo aconteça (risco ou probabilidade) e o impacto disso (resultado ou efeito).

Você não precisa entrar em muitos detalhes ao avaliar a probabilidade ou o impacto. Uma classificação simples, como Alto, Médio e Baixo, ou de 1 a 10, será suficiente. Avaliando a probabilidade e o impacto de um problema em potencial, você está priorizando o tempo e o trabalho de gerenciamento nesses riscos altos. Seu registro de riscos pode ser tão simples ou complicado quanto você queira torná-lo, mas uma tabela simples, como a que mostraremos a seguir, basta para a maioria dos projetos de pequena escala.

GRUPO DE ATIVIDADE	IDENTIFICAÇÃO DO GRUPO QUE SERÁ AFETADO PELO RISCO
Risco	Qual é o risco? O que poderia ocorrer que afetaria o grupo de atividade?
Probabilidade de que o risco ocorra	Alta, Média ou Baixa?
Impacto nos objetivos do projeto	Alto, Médio ou Baixo?

IDENTIFIQUE AS CAUSAS PROVÁVEIS

Para planejar ações eficazes, você precisa agora identificar as prováveis causas dos principais problemas em potencial. Para cada problema em potencial, identifique o que acha que poderia ser sua causa provável. Tente ser o mais específico possível, pois neste momento é muito fácil a gestão de riscos ficar fora de controle com tantas ideias – algumas relevantes; outras, nem tanto. Você poderia até tentar agrupar as causas prováveis para saber de onde os riscos se originam. Assim, para cada problema em potencial, identifique as causas prováveis; e, para cada uma dessas causas prováveis, classifique sua probabilidade – Alta, Média ou Baixa. Nesse estágio, na verdade, estamos nos perguntando: "O quanto provável é 'provável'?" Uma tabela poderia ajudar, como a que mostramos a seguir.

PROBLEMA EM POTENCIAL	IDENTIFICAÇÃO DO GRUPO QUE SERÁ AFETADO PELO RISCO (CONSULTE A TABELA ANTERIOR)
Causas prováveis	Qual é a causa provável desse problema? O que mais?
Grupo da causa	A causa é técnica, de treinamento, humana, de planejamento, etc.?
Probabilidade	Alta, Média ou Baixa?

PLANEJAMENTO DA AÇÃO

A gestão de riscos consiste em ação. Muitas vezes, as pessoas passam por um processo de gestão de riscos eficiente, mas se esquecem de que no final da avaliação dos riscos é preciso realmente fazer algo. Existem dois conjuntos distintos de medidas que você pode tomar como gerente de projeto, cada uma das quais afeta os riscos de uma maneira diferente:

- **Ações preventivas.** Também conhecidas como ações proativas, seu enfoque é "prevenir" ou tornar uma causa menos provável. Elas precisam ser planejadas antecipadamente e, então, o plano de projeto precisa ser alterado de maneira correspondente. Essas ações exigem uma mudança do plano de projeto em algum ponto e, como resultado, uma decisão precisa ser tomada com relação ao volume da mudança, ao orçamento da mudança, ao efeito sobre o projeto e sobre os objetivos e a quem vai executar essas ações.

- **Ações atenuantes.** Também conhecidas como ações contingenciais, Plano B ou ações reativas, seu objetivo é reduzir os efeitos do problema em potencial, quando ele tiver ocorrido. Elas precisam ser planejadas antecipadamente e ter investimento, mas talvez nunca sejam realmente utilizadas. Se o problema não ocorrer, então elas não serão necessárias. Em termos de planejamento de projeto, você precisa reservar tempo para criar esses planos de contingência e colocá-los em seu registro de riscos.

REVISE OS RISCOS REGULARMENTE

Manter uma visão geral dos riscos que poderiam ameaçar seu projeto é fundamental para seu sucesso ou fracasso. Você precisará estabelecer um sistema simples que torne imediatamente aparente onde estão os riscos altos e quando eles aconteceram – um "gatilho".

O maior problema ou "risco" da gestão de riscos é que a equipe se envolve em planejamento de riscos para tudo e, portanto, planeja em demasia. Isso absorve tempo de gerenciamento e tem pouca vantagem palpável para o projeto. Recomendamos que você reserve tempo nas reuniões regulares para examinar o registro de riscos e se concentre somente nos riscos que estão em vermelho. Esses são os riscos que representam o maior perigo para os objetivos do projeto. O modo mais fácil de avaliá-los é usando a matriz a seguir.

	BAIXO IMPACTO	***ALTO IMPACTO***
ALTA PROBABILIDADE	**Um risco de alta probabilidade que cause pouco dano não deve absorver muito tempo ou esforço de gerenciamento. Não perca tempo com os riscos que terão baixo impacto**	**Trabalhe duro para evitar os riscos em VERMELHO, pois eles são o sinal de uma crise iminente. Tente evitar a ocorrência e o impacto desses riscos**
BAIXA PROBABILIDADE	**Os riscos em VERDE são improváveis de prejudicar o projeto. Eles devem permanecer no registro, mas não precisarão de muita atenção**	**Os riscos em ÂMBAR são importantes e você precisa evitá-los, mas são improváveis de ocorrer. Concentre-se em colocar planos de contingência em ação**

A Via Expressa

RESERVE TEMPO PARA REFLETIR

Na série Via Expressa abarcamos muitos fundamentos rapidamente. Dependendo de seu cargo, empresa ou situação atual, algumas ideias serão mais relevantes do que outras. Volte às suas auditorias individuais e de equipe e reflita sobre as "lacunas" que você identificou; em seguida, reserve um tempo para examinar cada uma das dez principais ferramentas, técnicas e a lista de tecnologias.

PRÓXIMOS PASSOS

Com base nessa análise, você identificará muitas ideias sobre como melhorar seu desempenho, mas esteja atento antes de começar: reserve tempo para planejar seus próximos passos cuidadosamente. Agir de forma precipitada raramente é a melhor maneira de progredir, a não ser que você esteja enfrentando uma crise. Pense meticulosamente sobre sua própria carreira e a de sua equipe. Identifique um ponto de partida e considere o que teria um impacto significativo no desempenho e seria fácil de implementar. Então, prepare uma simples lista de coisas a fazer, com cronogramas para a conclusão.

PERMANECENDO NA DIANTEIRA

Por fim, o fato de ter reservado tempo para ler e refletir profundamente sobre as ideias aqui apresentadas sugere que você já é um profissional em sua área de atividade. Contudo, todas as áreas de liderança empresarial estão mudando rapidamente e você precisa tomar providências para permanecer na dianteira como líder em seu campo. Reserve um tempo para fazer *login* no recurso da *Web* desta série, no endereço **www.Fast-Track-Me.com**, e ingresse em uma comunidade de profissionais com ideias afins.

Boa sorte!

GLOSSÁRIO

ágil Uma metodologia de gerenciamento de projetos, inicialmente desenvolvida para projetos de desenvolvimento de *software*, que utiliza uma estratégia iterativa para refinar e reconstruir produtos

alinhamento de projeto O conceito segundo o qual os projetos devem ser diretamente vinculados às necessidades comerciais e contribuir para os objetivos comerciais. Se não houver alinhamento com os imperativos comerciais, a validade do projeto inteiro deve ser questionada

análise do caminho crítico Uma fórmula para agendar um conjunto de atividades de projeto. Trata-se de uma ferramenta muito importante para o gerenciamento de projetos eficiente. A CPA calcula o caminho mais longo das atividades planejadas até o final do projeto, além da data mais próxima e da mais distante em que cada atividade pode começar e terminar sem tornar o projeto mais longo. Esse processo determina quais atividades são "críticas". O caminho crítico é a sequência de atividades de rede do projeto que resultam na duração global mais longa. Isso determina o menor tempo possível para concluir o projeto

aumento do escopo A síndrome das "traves móveis", na qual o escopo do projeto muda, de modo formal ou, mais provavelmente, informal. Isso ocorre mais com mais frequência quando o escopo de um projeto não é precisamente definido ou documentado e a implementação de um projeto é mal controlada

business case Um documento ilustrando os motivos comerciais (econômicos) do projeto, em vez dos motivos técnicos. Às vezes incorporado no termo de abertura do projeto

comitê de análise de projetos (PRB – *project review board*) O comitê executivo principal, cuja função estratégica é analisar o andamento dos projetos atuais e autorizar o fundo de contingência, se necessário. Também deve ser o grupo formal por meio do qual os novos projetos são autorizados e aprovados. Muitas vezes os gerentes de projeto se reportam formalmente ao PRB

controle de mudança Termo genérico que descreve os procedimentos utilizados em um projeto para garantir que as mudanças sejam introduzidas de maneira controlada e coordenada. Poderia incluir, por exemplo, o controle de diferentes versões de documentos e gráficos à medida que um projeto progride, para garantir que todos os envolvidos estejam trabalhando com as informações mais atualizadas

criatividade O processo de geração e pensamento sobre novas ideias. Normalmente é difícil inserir isso no gerenciamento de projetos como disciplina, especialmente quando o projeto está em curso

declaração de escopo Em geral incluída em um termo de abertura de projeto, a declaração de escopo normalmente pormenoriza os objetivos e os produtos do projeto. Às vezes também pode descrever o que não é incluído ("fora do escopo")

dependência O vínculo entre duas ou mais atividades dentro de um projeto ("dependência de tarefa")

diário do projeto Uma técnica na qual todas as reuniões são planejadas antecipadamente e os diários individuais dos principais membros da equipe são confrontados. Isso ajuda no planejamento de reuniões e no gerenciamento do *stakeholders*. Não deve ser confundido com a agenda mestra do projeto

documento de início de projeto (PID – *project initiation document*) O objetivo do PID é reunir as principais informações necessárias para iniciar o projeto adequadamente e transmitir essas informações a todos os interessados no projeto. Em suma, é a parte "quem, por quê, o quê, quando e como" do projeto

duração O tempo que demora do início ao fim de um produto ou de uma tarefa. A duração *não* deve ser confundida com o tempo da tarefa ou do esforço

elemento final O nível mais baixo de atividade dentro de uma WBS. Às vezes isso é chamado de "tarefa" ou "pacote de trabalho". Não pode ser logicamente ainda mais subdividido

encerramento A parte formal de um projeto em que ele é concluído. Após esse ponto, um processo de avaliação de custo pode ser terminado para avaliar os custos totais reais do projeto. Uma análise do projeto pode ocorrer após o encerramento, para avaliar como ele se comportou, mas muitas vezes essa análise não é incluída nos custos do projeto

equipe de projeto O grupo de pessoas responsável pela conclusão das atividades do projeto, a fim de que ele atinja sua meta

escritório de projetos (PMO – *project management office*) Um departamento, normalmente dentro de empresas maiores, que supervisiona e ajuda no planejamento inicial do projeto. Também pode ajudar o gerente de projeto com o envio oportuno de relatórios de projeto, de acordo com determinado padrão ou modelo, e trabalhar no sentido de resolver conflitos dentro do projeto

especialista em projeto Um membro trazido para a equipe por um motivo técnico ou de conteúdo específico. Normalmente envolvido apenas por um curto período de tempo, o especialista cumpre os objetivos combinados e depois é liberado (para outros projetos). O uso de especialistas em projeto deve ser planejado antecipadamente, pois eles são recursos caros e raros

estimativa O cálculo e a aproximação de resultados com base em dados incompletos. No gerenciamento de projetos ela é frequentemente usada nas fases de planejamento, para definir programação, prazos finais, uso de recursos e custos

estratégia baseada em fases Metodologia usada para planejar e gerenciar projetos. Classicamente, quatro fases têm sido utilizadas: início, planejamento (projeto), implementação (execução) e encerramento e análise. As empresas devem criar uma metodologia baseada em fases mais conveniente para a firma e para seus projetos

estrutura desmembrada de trabalho (WBS – *work breakdown structure*) Uma lista de atividades e subatividades que precisam ser executadas para proporcionar o valor do projeto. A WBS deve incluir 100% das atividades definidas pelo escopo do projeto

estudo de viabilidade Um breve estudo preliminar realizado para avaliar a viabilidade e a validade de um projeto completo

funções e responsabilidades O processo formal dentro do gerenciamento de projetos por meio do qual as pessoas e as equipes sabem o que precisam fazer para a entrega bem-sucedida do projeto. Quanto mais claras as funções, maior o comprometimento

fundo de contingência Fundo e/ou recursos liberados para uso apenas quando critérios específicos forem satisfeitos. Normalmente é utilizado quando um projeto estoura o orçamento ou um risco específico precisa ser diminuído mediante o uso de planos de contingência – não deve ser usado como "proteção" geral para um planejamento mal feito

gerenciamento de programa O gerenciamento de vários projetos (relacionados) por um gerente de programa

gerenciamento de projetos O processo de definição, planejamento, administração e controle de atividades de projeto. Isso inclui o monitoramento dos objetivos de melhoria de desempenho e a seleção e motivação da equipe

gerenciamento de valor agregado (EVM – *earned value management*) Técnica usada para medir o andamento do projeto de maneira objetiva. O EVM compara o desempenho técnico, o desempenho da programação e o desempenho do custo

gerente de projeto A pessoa a quem são atribuídas a responsabilidade e a autoridade para entregar o projeto no prazo, dentro do orçamento e do escopo combinado. Normalmente, mas nem sempre, o gerente de projeto está envolvido no início, no planejamento, na implementação e no encerramento do projeto

gestão de riscos O processo de diminuir o impacto dos riscos identificados. As ações executadas serão preventivas ou contingentes. Em ambos os casos elas precisam ser contempladas no plano de projeto

gráfico de Gantt Um plano de atividades dentro de um projeto, apresentado graficamente como uma série de caixas em relação a uma cronologia (um gráfico de barras na lateral). A técnica foi desenvolvida por Henry Gantt como uma maneira eficiente de comunicar planos e o andamento para *stakeholders*.

insights Dicas práticas e técnicas colhidas de uma análise formal e semiformal do projeto no estágio de encerramento. Geralmente são classificadas como percepções de processo (isto é, "Como poderíamos fazer isso melhor na próxima vez?") e percepções de conteúdo (isto é, "O resultado foi o que queríamos?")

liderança de projeto Diferentemente do gerenciamento (técnico) de projetos, a liderança de projeto exige a capacidade de motivar e inspirar os envolvidos e fazer os interessados participarem. Os gerentes de projeto devem se esforçar para ser líderes

lista de verificação de encerramento Grande parte do valor de um projeto é perdida na conclusão. Uma lista de verificação simples, para confirmar se um projeto foi um sucesso total, é muito útil para uma empresa. Isso deve contribuir para um banco de dados de conhecimento de lições aprendidas

marco Um evento que sinaliza um ponto significativo dentro da programação do projeto. Teoricamente, pode ser a qualquer momento, mas na prática os marcos em geral são estabelecidos no início ou no final de uma série de tarefas, fases ou subprojetos. Um marco em si não consome recursos, esforço ou tempo, mas é simplesmente um ponto de referência para comparar o andamento com o que foi planejado

margem Frequentemente conhecida como "folga", é a quantidade de tempo que uma tarefa pode ser retardada em uma rede de projetos sem atrasar o final do projeto ou as tarefas subsequentes. É melhor definida como tempo "vago" ou "janela de oportunidade"

matriz de atribuição de responsabilidades (RAM – *responsibility assignment matrix*) Em sua forma mais simples, a RAM é um gráfico/matriz que mostra quem é responsável por quais atividades e em quais níveis

matriz de habilidades Uma tabela simples, utilizada para avaliar as habilidades disponíveis em uma empresa em relação às necessidades do projeto. Quaisquer "lacunas" que apareçam em vários projetos devem ser tratadas por meio de treinamento, orientação, recrutamento ou, possivelmente, por meio de uma mudança no escopo do projeto

matriz de recursos Uma grade bidimensional que mostra quais pessoas (ou outros recursos, como instalações, equipamento e consumíveis) serão necessárias em qual parte do projeto (ou projetos) e quando

modelo (ou template) de projeto Documento formatado, destinado a ajudar os gerentes de projeto em todas as fases do gerenciamento e especialmente nos relatórios de projeto. A metodologia de cada empresa deve utilizar modelos

mudança Lidar com a mudança dentro de um projeto é a principal habilidade exigida de um gerente de projeto. Mudanças ocorrerão independentemente do volume de planejamento feito. Usar registros de problemas e de mudança e ter um processo de controle de mudança ajudará aqui

objetivos de projeto Os objetivos definem a meta. São o final do projeto, cujo cumprimento é considerado necessário para a obtenção dos benefícios planejados. Nenhum projeto deve começar sem objetivos claros e compreendidos

orçamento de projeto Os custos associados à entrega do projeto com o padrão combinado, dentro das restrições conhecidas. O orçamento deve incluir algum fundo de contingência

paralisia da análise O processo pelo qual muitas pessoas são solicitadas a contribuir e dar opiniões cedo demais na fase inicial do projeto e, como resultado, o gerente ou o patrocinador do projeto fica sobrecarregado com opiniões e recomendações contraditórias. Embora a adesão e a comunicação sejam boas, às vezes você mesmo precisa tomar a decisão

patrocinador do projeto Às vezes chamado de "patrocinador executivo", normalmente é um membro da equipe da alta direção com a responsabilidade de defender o projeto. Ele define os objetivos globais do projeto, seleciona o gerente de projeto e garante recursos suficientes

pedido de mudança Um processo formal por meio do qual uma pessoa solicita que o escopo de um projeto seja alterado. Isso exige consentimento e normalmente envolverá custo extra. O controle dos pedidos de mudança ajuda a manter os projetos no caminho certo e dentro do orçamento

planejamento de projeto O processo de criação e manutenção de um plano em relação ao qual a entrega do projeto será implementada

planejamento de recursos O processo por meio do qual os recursos necessários são empregados no plano de projeto. Como resultado, os planos de projeto ou a disponibilidade de recursos podem mudar. Muitas ferramentas e técnicas podem ser usadas no planejamento e no gerenciamento de recursos

plano de comunicação de projeto Ligado ao conceito de gerenciamento de *stakeholders*, o plano de comunicação de projeto é uma estratégia para controlar o modo como as pessoas envolvidas ou afetadas pelo projeto são comunicadas: cronogramas, meios de comunicação, etc.

plano de comunicação Um plano por meio do qual todos os *stakeholders* são informados sobre o andamento e os problemas do projeto. Criado pelo gerente de projeto, seu objetivo é manter os *stakeholders* informados e, portanto, comprometidos, diretamente até a revisão de projeto formal

plano de contingência "Plano B" – a saída de uma avaliação de riscos formal dentro de um projeto. Um plano de contingência ajuda a minimizar o efeito de um problema em um projeto ou em parte de um projeto. Ele é implementado quando um gatilho de projeto é disparado. Pode ser pequeno e mudar ligeiramente o escopo do projeto, ou pode mudar o projeto por completo

plano de projeto Uma lista das atividades necessárias para concluir um projeto no prazo e dentro do orçamento. Essas atividades são frequentemente agrupadas em fases e, às vezes, mostram a propriedade, o cronograma e as dependências. Os planos também podem ser mostrados em formato gráfico

portfólio de projetos Um grupo de projetos. Se eles são relacionados ou têm um objetivo mútuo comum, são referidos como programa

PRINCE2 Metodologia de gerenciamento de projetos cuja propriedade intelectual pertence ao Office of Government Commerce (OGC). Trata-se de um processo peso-pesado – útil apenas para certos tipos de projeto

processo *stage-gate* Processo estruturado ou metodologia utilizada no gerenciamento de projetos para verificar o progresso e minimizar os riscos ao longo do ciclo de vida do projeto. Cada parte do projeto tem saídas ("estágios") ou produtos claramente definidos, sendo que o andamento é verificado e os produtos são avaliados ("portões") antes que seja permitido fazer mais progresso

programação (mestra) do projeto A lista atualizada e definitiva das atividades do projeto, com as datas de início e fim pretendidas

***Project Management Body of Knowledge* (*PMBOK*)** Padrão reconhecido internacionalmente do Project Management Institute (PMI), fornecendo os fundamentos do gerenciamento de projetos conforme aplicados a uma ampla variedade de projetos. Contém 44 processos em cinco grupos e nove áreas de conhecimento

projeto Uma série de atividades destinadas a atingir um objetivo, com um ponto de partida e um ponto final acordados. O que constitui um projeto muitas vezes é calorosamente debatido, mas a maioria das atividades delimitadas dentro de uma empresa pode ser definida como projeto

recursos Na terminologia do gerenciamento de projetos, recursos são necessários para executar as tarefas do projeto. Podem ser pessoas, equipamentos, instalações, fundos ou qualquer coisa que possa ser definida (a não ser, normalmente, como mão de obra), necessárias para a conclusão de uma atividade de projeto

rede do projeto Um fluxograma representando a sequência na qual os elementos finais de um projeto devem ser concluídos, mostrando esses elementos e suas dependências

registro de problemas Um registro atualizado continuamente, descrevendo desvios do escopo do projeto ou problemas que precisam ser resolvidos para manter o projeto no caminho certo. Ele pode ser muito complexo, pois os problemas podem ser priorizados, classificados ou tratados de muitas maneiras diferentes

registro de riscos (ou histórico de riscos) Uma lista contendo informações sobre os riscos de projeto identificados e coletados. Ela é continuamente atualizada e avaliada, devendo formar a base para as decisões tomadas pela equipe de projeto sobre alteração e correção das atividades ou mesmo dos produtos

relatórios Monitorar o desempenho é fundamental para o gerenciamento de projetos eficaz. Os relatórios têm por base o tempo (por exemplo, mensalmente) ou um evento (por exemplo, a conclusão do estágio 1). Relatórios em demasia retardam um projeto; relatórios de menos precedem a perda de controle

reunião de avaliação de projeto (PRM – *project review meeting*) Reunião na qual o andamento é analisado em relação ao plano, no mínimo. Na prática, os problemas de projeto, os riscos e as decisões também são abordados. Há uma tendência de agendar PRMs quando marcos são atingidos

reuniões de início de projeto De preferência, a fase de implementação de um projeto deve iniciar com uma reunião de começo de atividades formal, na qual os objetivos são analisados e os planos, confirmados. As reuniões presenciais são melhores, embora as teleconferências e as videoconferências também possam ajudar. As reuniões de início de projeto são uma chance para o líder de projeto inspirar e motivar

reuniões Um mal necessário, exigido para gerenciar projetos. São as pessoas que executam os projetos, e não um *software*; assim, é importante que as reuniões sejam planejadas antecipadamente e gerenciadas com eficiência. Elas devem enfocar o passado ("O que já fizemos?"), o presente ("Onde estamos agora? Estamos no caminho certo? Quais são os problemas?") e o futuro ("O que está vindo por aí? Quais são os riscos?")

risco de projeto Um problema em potencial associado à entrega do projeto e seus objetivos. Cada risco deve ser identificado e quantificado em termos de probabilidade e impacto, antes de se combinar e planejar as medidas que serão tomadas e por quem

SMART Acrônimo (em inglês) que ajuda a definir objetivos: específico (*specific*), mensurável (*measurable*), alcançável (ou combinado) (*achievable* ou *agreed*), realista (*realistic*), de duração limitada (*time bound*)

stakeholders Pessoas ou grupos afetados pelo projeto e seu resultado. Isso poderia incluir aqueles que são afetados positiva e negativamente. O gerenciamento de *stakeholders* (ou análise de *stakeholders*) ocupa-se do gerenciamento das expectativas e da comunicação com essas pessoas e grupos

subprojetos Técnica por meio da qual um projeto pode ser subdividido em partes constituintes, de acordo com certos critérios. Essas "partes" podem ser chamadas de subprojetos. Por exemplo, um projeto poderia ser dividido pela geografia, fazendo com que todas as tarefas de um país fossem agrupadas em um subprojeto e gerenciadas por um gerente ou especialista em subprojeto

tempo da atividade As horas de trabalho ou contribuição envolvidas na conclusão de um produto. Usado em geral para propósitos de cálculos de custo e orçamento dentro de projetos, não deve ser confundido com duração, que é mais frequentemente usado para programação e planejamento

termo de abertura – *terms of reference* Um documento que descreve o objetivo e a estrutura de um projeto. Frequentemente define a visão, os objetivos, o escopo e produtos, os *stakeholders*, as funções e responsabilidades, os recursos, os planos financeiros e de qualidade, a WBS e a programação. As especificações técnicas estabelecem um roteiro para o projeto

termo de abertura do projeto Às vezes chamado de "definição do projeto", em sua forma mais básica trata-se de uma declaração do escopo, dos objetivos e dos participantes de um projeto. Contudo, pode se tornar mais detalhado e complexo, e incluir outros elementos, como os benefícios do *stakeholder* e objetivos "negativos" ou restrições

tipos de atividades Existem três tipos de atividades: a de duração fixa (a atividade usará um tempo fixo para terminar, independentemente de quantos recursos sejam alocados); a orientada a recursos (o tempo usado para concluir a atividade é função dos recursos alocados); e a limitada pelos recursos (a duração de uma atividade será reduzida até certo ponto, quando recursos forem alocados, mas depois de certo ponto não será mais reduzida)

trabalho A quantidade de esforço aplicada (contribuição) para gerar um produto ou executar uma tarefa

triagem O procedimento formal por meio do qual o PRB ou outro organismo avalia projetos e seus produtos. Como resultado da triagem, alguns projetos se tornam prioridades dentro de um portfólio, enquanto alguns podem ser rejeitados

triângulo do gerenciamento de projetos As restrições que normalmente afetam o gerenciamento de um projeto: tempo, custo e escopo do projeto. Uma mudança em qualquer um desses fatores afetará os outros dois, até certo ponto

Índice

Os itens em **negrito** relacionam-se às entradas do glossário.